LATEIN IN UNSERER ZEIT
herausgegeben von
Werner Müller, Günter Lachawitz,
Renate Oswald, Wolfgang J. Pietsch

DIE MACHT UND DAS WORT

POLITIK, RHETORIK, PROPAGANDA IM SPIEGEL LATEINISCHER TEXTE

ausgewählt und erläutert von
Wolfgang Schepelmann

BRAUMÜLLER

Mit Bescheid des Bundesministeriums für Unterricht, Kunst und Kultur für den Unterrichtsgebrauch an nachstehend angeführtem Schultyp im Unterrichtsgegenstand **Latein** als geeignet erklärt:
GZ 5.004/0025-V/9/2005 vom 31. 3. 2006 für die 7. und 8. Klasse (sechsjähriges Latein) an allgemein bildenden höheren Schulen.

Dieses Werk wurde auf Grundlage eines zielorientierten Lehrplans verfasst. Konkretisierung, Gewichtung und Umsetzung der Inhalte erfolgen durch die Lehrerinnen und Lehrer.

Dieses Schulbuch folgt den Bestimmungen der **Neuregelung der deutschen Rechtschreibung**. Ausnahmen bilden Texte, bei denen künstlerische, philologische, lizenz- oder urheberrechtliche Gründe einer Adaptierung entgegenstehen.

Wir weisen darauf hin, dass das **Kopieren** zum Schulgebrauch aus diesem Buch **verboten** ist.
§ 42 Absatz (3) der Urheberrechtsgesetznovelle 1996:
„Die Befugnis zur Vervielfältigung zum eigenen Schulgebrauch gilt nicht für Werke, die ihrer Beschaffenheit und Bezeichnung nach zum Schul- oder Unterrichtsgebrauch bestimmt sind."

Nach gewissenhafter Prüfung durch die Lehrperson dürfen Schulbücher auch in anderen Schulformen oder Schulstufen verwendet werden als denen, für die sie approbiert wurden (BGBl. Nr. 433/1996).

Schulbuchvergütung/Bildrechte: © VBK/Wien
Quellennachweis: Abb. 1–5, 13–17, 19, 23, 25–29, 35: Verlagsarchiv // Abb. 6: H. K. Strobl: Heerkönig Ariovist. Roman. Berlin – Leipzig: K. F. Köhler 1927, Schutzumschlag // Abb. 7: Legio VI Victrix. http://www.legionsix.org/ // Abb. 8, 11: Österr. Nationalbibliothek, Bildarchiv // Abb. 9: Propyläen-Weltgeschichte, Band 4. Düsseldorf: Prisma-Verlag 1979, S. 749 // Abb. 10, 12, 21, 22: Archiv des Österr. Archäologischen Instituts // Abb. 18: Österr. Nationalbibliothek // Abb. 20: A. A. M. van der Heyden (Hrsg.): Bildatlas der klassischen Welt. Gütersloh: Bertelsmann o. J., Abb. 363 // Abb. 24: AERIA – Antikensammlung Erlangen Internet Archiv. http://www.phil.uni-erlangen.de/~p1altar/aeriahome.html // Abb. 30: L. Fenger // Abb. 31: Foto: Sgt. Gustavo Bahena, Pressedienst der US-Armee. http://www.arcent.army.mil/ // Abb. 32: Ludwig Budde (Hrsg.), Das Meisterwerk: Ara Pacis Augustae. Hannover: Tauros 1957. // Abb. 33: Michael Bradtke: Latein kann so einfach sein. http://www.mbradtke.de/ // Abb. 34: Foto: Wolfgang J. Pietsch // Abb. 36: Württembergische Landesbibliothek // Abb. 37: Foto: Paul Rebillot. http://jelley.wustl. edu/~rebillot/italy/firenze/ // Abb. 38: CGFA – A Virtual Art Museum. http://cgfa.sunsite.dk/ // Abb. 39: Schwedische Nationalbibliothek. http://www.kb.se/kart_bibl/ // Abb. 40: Foto: Werner Müller // Abb. 41: Foto: Dominique G. http://www.alovelyworld.com/ // Abb. 42: Mit freundlicher Genehmigung des BMWA.

Alle Übersetzungen stammen, sofern nicht anders angegeben, vom Verfasser.

Schulbuchnummer: 125606

2., korrigierte Auflage 2008 (2.00)

Umschlag und Innengestaltung: Grieder Graphik, A-2083 Pleissing
Coverbild-Montage: Rosi Grieder – aus folgenden Motiven: Bronzestatue eines Redners („L'arringatore"), Nationalmuseum Florenz (siehe auch Abb. 1, S. 3) und Menschenmasse, Hugo Portisch, Österreich II. Der lange Weg zur Freiheit. Wien: Kremayr & Scheriau 1986. S. 435. © Museum und Archiv Wiener Neustadt. Städtische Sammlungen.
Der Redner spricht zur zuhörenden Menge. Er erhebt den rechten Arm als Geste der Appellation (Anrede) und gebietet Schweigen (vgl. auch den „Augustus von Prima Porta", Abb. 29, S. 89).

Druck: Ferdinand Berger & Söhne Ges.m.b.H., A-3580 Horn
ISBN 978-3-7003-1678-7

Vorwort

Bei der Suche nach geeigneten Textstellen für die Module „Politik und Gesellschaft“ sowie „Rhetorik, Propaganda, Manipulation“ des aktuellen Lehrplans für das 6-jährige Latein bieten sich natürlich vor allem die großen Klassiker an, welche in diesem Band den Schülerinnen und Schülern in symptomatischen Ausschnitten vorgestellt werden sollen:

Caesars Eroberung Galliens ist so wie die catilinarische Verschwörung das bekannteste Beispiel des römischen Imperialismus bzw. einer innerpolitischen Krise, die Sallust zum Anlass nimmt, ein bis in die Gegenwart hinein diskutiertes Modell vom Aufstieg und Verfall einer Gesellschaft zu entwerfen.

Der Geschichtspessimismus des Tacitus, der wiederum auf Sallust fußt, hatte weit bis in die Neuzeit hinein modellhaften Charakter, und über Cicero als überzeitliches Vorbild vollendeter Redekunst zu sprechen, hieße wahrlich „Eulen nach Athen zu tragen“.

Dennoch kommt auch spätere Literatur nicht zu kurz: Augustinus rechnet mit den römischen „Werten“ ab, Machiavelli lehrt den Zynismus des absoluten Herrschers, und Thomas Morus entwirft in seiner *„Utopia“* ein Gegenbild zum England seiner Zeit, das bis ins 20. Jahrhundert hinein typisierend wirken sollte.

Die politische Propaganda wird vor allem durch symptomatische Texte und Werkinterpretationen aus augusteischer Zeit abgedeckt, aber auch der versuchten Wiederbelebung des antiken Rom im italienischen Faschismus wird durch eine römische Inschrift Rechnung getragen.

Der vom Lehrplan geforderte Österreichbezug wird durch lateinische Inschriften aus mehreren Jahrhunderten sowie durch eine lat. Fassung eines Ausschnitts aus Anton Wildgans „Rede über Österreich“ abgedeckt.

In diesem Sinn soll der thematische Bogen von der Hochblüte der lateinischen Literatur bis in die Neuzeit gespannt bleiben und den Lernenden sowohl die unverzichtbaren Klassiker als auch deren Reflexion in späteren Werken vor Augen geführt werden.

Mein besonderer Dank gilt auch Ernst Nowotny und den Erben von Helmuth Vretska für die Überlassung einiger Textstellen, sowie den Herausgebern der Reihe und natürlich dem Verlagsteam von Braumüller für unschätzbare Hilfe und Unterstützung!

Wolfgang Schepelmann

Hinweise zur Verwendung des Buches

Neben den jeweiligen Texten befinden sich am Rand **Hinweise zur Übersetzung** (Vokabel- und Konstruktionserläuterungen) sowie verwandte lateinische, englische und deutsche Wörter zum Sprachvergleich.

Im Anschluss an den Text folgt der eigentliche **Kommentar** mit literaturkundlichen, historischen und kulturhistorischen Informationen sowie Vergleichstexten. Dieser Kommentar sollte ebenso wie die Übersetzungshinweise für eine Sinn erfassende Arbeit am Text herangezogen werden und ist auch eine wesentliche Hilfe für die Beantwortung der Interpretationsfragen, die daran anschließen.

Der **Aufgabenteil (Vertiefung)** umfasst neben den Interpretationsfragen weiterführende Arbeitsaufgaben, Fragen mit Gegenwartsbezug sowie Querverbindungen zu anderen Unterrichtsfächern und Eigenbezügen der Schüler.

Die Zitierweise, auch der Eigennamen, entspricht der **Zitierweise des „Stowasser"**.

Zeichenerklärung:
➤ Hinweispfeil auf weitere Textpassagen

Abkürzungen

abh. = abhängig
abl. = Ablativ
abl. abs. = Ablativus absolutus
abl. comp. = Ablativus comparationis
abl. lim. = Ablativus limitationis
acc. = Akkusativ
AcI = Accusativus cum Infinitivo
adj. = Adjektiv
adv. = Adverb
Arch. = Archaismus
coni. = Konjunktiv
coni. irreal. = irrealer Konjunktiv
dat. = Dativ
dat. auct. = Dativus auctoris
dat. fin. = Dativus finalis
Dt. = Deutsch
eig. = eigentlich
erg. = ergänze
gen. = Genetiv
gen. obi. = Genetivus obiectivus
griech. = griechisch
h. = hier
hist. Inf. = historischer Infinitiv
impf. = Imperfekt
koll.= kollektiv
Lat. = lateinisch
nom. = Nominativ
Obj. = Objekt
part. coni. = Participium coniunctum
plqu. = Plusquamperfekt
Pot. d. Vght. = Potentialis der Vergangenheit
PPP = Participium Perfecti Passivi
Präd. = Prädikativ
praes. = Präsens
rel. Anschl. = relativer Anschluss
Rel.-Satz = Relativsatz
rhet. = rhetorisch
Subj. = Subjekt
sup. = Supinum
verk. = verkürzt

Inhalt

Einführung
Gesellschaft und Politik in der römischen Republik und im Kaiserreich

Sprechen wir von der römischen ***res publica***, so dürfen wir nicht in den Fehler verfallen zu glauben, es handelte sich dabei um eine westliche, nach demokratischen Spielregeln geordnete republikanische Staatsform. Die Demokratie, sowohl die des Athen zur Zeit des Perikles als auch die des modernen Parlamentarismus, war dem alten Rom völlig fremd. Um dies zu verstehen, ist es nötig, einen Blick auf die natürlich gewachsene und doch so konfliktreiche Gliederung der römischen Gesellschaft zu werfen:

Schon seit der Gründung der Republik (um 510 v. Chr.) hatte es immer wieder Auseinandersetzungen zwischen den dominierenden **Patriziern**, den Häuptern der führenden adeligen *gentes*, und den **Plebejern**, der nicht adeligen Volksmehrheit, gegeben. Als durch Roms zahlreiche, meist erfolgreiche Kriege die Bauern verarmten – ihre Ländereien wurden den alt gedienten Soldaten, den Veteranen, zugesprochen – und andererseits die neu erworbenen Sklavenmassen der reichen Oberschicht deren Latifundien (Großgrundbesitz) bearbeiteten, entstand eine städtische Unterschicht, die *plebs urbana*, die jeder politischen Agitation zugänglich war.

Im 1. Jh. v. Chr., einer Zeit, die man „römische Revolution" nennt, wurde der Staat schließlich von einem unüberbrückbaren Gegensatz zwischen einer sehr reichen, wohlhabenden Minderheit und einer riesigen einflusslosen, oft verschuldeten und verarmten Mehrheit beherrscht.

Diesem Gegensatz entsprachen zwei *factiones*, politische Gruppierungen, die oft in unversöhnlichem Hass einander gegenüberstanden, die **„Optimaten"**, die Gruppe der wohlhabenden Senatsherrschaft, und die **„Popularen"**, die Vertreter der Volksversammlung. Ihre Anführer kamen oft, so wie z. B. Caesar selbst, aus den alten *gentes*, den Adelsgeschlechtern, stützten sich aber in ihrem Machtstreben auf die *aura popularis*, die wankelmütige Volksgunst. Man darf diese Gruppierungen nicht als Parteien im modernen Sinn betrachten. Dazu fehlte es ihnen an einer straffen Struktur und einem eindeutigen ideologischen Programm.

Hervorgegangen waren diese beiden *factiones*, die sich bereits zu Beginn des Jahrhunderts in dem blutigen **Bürgerkrieg** zwischen Marius / Cinna und Sulla aufrieben, aus dem jahrhundertealten Gegensatz zwischen Patriziern – dem alten Amts- und Erbadel –, und den Plebejern, den nicht adeligen breiten Volksschichten.

Die Gegensätze wurden noch durch die als Kontrolle der Macht gedachte Kollegialität (zwei oder mehr Amtskollegen) und Annuität (ein Jahr Amtsdauer) der höchsten Magistrate, die sich oft in gegenseitiger Lähmung und Handlungsunfähigkeit auswirkte, verschärft.

Im 1. Jh. v. Chr. war daher der Ruf nach einem „starken Mann" schon sehr deutlich geworden, vor allem unter den Popularen, während die Optimaten so lange wie möglich an ihrer Oligarchie (Herrschaft der Wenigen) festhalten wollten. Als schließlich **Iulius Caesar** die politische Bühne betrat – ein Vertreter der Popularen – schien die Zeit reif für das Ende der aristokratischen Republik. Es wäre auch bereits ein gleitender Übergang zur Monarchie möglich gewesen, – wie er wohl auch bei einem Sieg des Pompeius, Caesars Gegner im Bürgerkrieg, stattgefunden hätte – wenn der „Diktator auf Lebenszeit" nicht vorzeitig einem Attentat (15. März 44 v. Chr.) zum Opfer gefallen wäre. Die Folge waren blutige Säuberungen und ein neuerlicher Bürgerkrieg, der

– nach Ausrottung des größten Teils des alten Amtsadels – in den Prinzipat (Vorherrschaft) des ersten „echten" römischen Kaisers, des **Augustus**, mündete, der sich allerdings eher als *primus inter pares* denn als Alleinherrscher sah.
Von da an (13. Jänner 27 v. Chr.) bis zum Ende des Römischen Reiches war Rom eine Monarchie, zunächst noch unter republikanischem Deckmantel – die alten Ämter blieben erhalten, der Senat wurde regelmäßig einberufen –, aber ab dem 3. Jh. n. Chr. war vom Geist der ehemaligen Republik keine Spur mehr zu sehen, auch wenn die alten Ämter bestehen blieben.
Doch schon unter Augustus hatte der **Kaiser** das letzte Wort, die einzige Entscheidungsgewalt, und der – republikanisch gesinnte – Historiker Tacitus (zur Zeit Trajans, s. u.) beklagt zwar den Verlust der alten Freiheit, gibt aber zu, dass die Sehnsucht nach Frieden – innerem wie äußerem – so stark gewesen war, dass man auch bereit war, eine Monarchie in Kauf zu nehmen: *„cum ... tuta et praesentia quam vetera et periculosa mallent"* (Ann I, 2).
Tatsächlich herrschte unter den ersten Kaisern – mochten sie auch so wie Caligula und Nero willkürliche Despoten gewesen sein – innerer Friede. Das Reich blühte auf, Rom wurde glänzend restauriert (unter Augustus) bzw. nach der Katastrophe des Brandes von 64 n. Chr. völlig neu aufgebaut (unter Nero). Handel, Kunst und Literatur erreichten ihren Höhepunkt und Kaiser **Trajan** (regierte 98–117 n. Chr.) wurde von der römischen Oberschicht als *optimus princeps* empfunden. Auch wenn es uns seltsam erscheinen mag, dass eine Monarchie oder sogar Diktatur von der Mehrheit der Bewohner einer „freien" Republik vorgezogen wurde, war dies in Rom angesichts der unschätzbaren Vorteile eines Friedensreiches nur allzu verständlich.

Römische Außenpolitik

Während die Innenpolitik der Republik die Gesellschaft entzweite und in den Bürgerkrieg trieb, waren sich in der Außenpolitik die Vertreter aller Schichten, genauso wie die Kaiser des Imperiums, völlig einig. *„Parcere subiectis et debellare superbos"* nannte der augusteische Dichter Vergil in seinem berühmten Epos *„Aeneis"* die Aufgabe Roms: Die zu schonen, die sich freiwillig unterwarfen, und die niederzukämpfen, die hochmütig Widerstand leisteten.
Die Außenpolitik Roms diente also primär der **Erweiterung des Herrschaftsbereichs**: *Imperium Romanum* bedeutet ja nichts anderes als „Herrschaft der Römer", wobei darunter zunächst nur die Bürger der Stadt Rom zu verstehen waren.
Rom verfolgte dieses Ziel von Anbeginn an mit nie erlahmender Konsequenz: Wurde zunächst Roms Herrschaft auf Italien ausgedehnt, so folgte mit dem Überlebenskampf gegen das den gleichen Anspruch verfolgende **Karthago** die größte Auseinandersetzung mit einem auswärtigen Gegner. Karthago verlor nur deswegen, weil sein genialer Feldherr Hannibal nicht die nötige „Courage", den Wagemut des militärischen Erfolgs, besaß, um die Gunst der Stunde – er stand schon vor Rom! – nutzen zu können. Rom hatte diese Courage und Scipio Africanus machte Karthago dem Erdboden gleich (146 v. Chr.).
Rom war damit die einzig verbliebene **Großmacht** geworden und seine Anrainerstaaten wurden einer nach dem anderen – freiwillig oder unfreiwillig – dem römischen Imperium einverleibt. Der heute bekannteste außenpolitische Erfolg in der ausgehenden Republik war Caesars Eroberung Galliens (➤ T 1–3, S. 11 ff.), die in eindringlicher Weise das Vorgehen der Großmacht zeigt.

Trotz so mancher Rückschläge blieb letztlich das Kriegsglück den Römern treu, so dass unter Kaiser Trajan schließlich ein riesiges Reich, von Spanien über Britannien an das Schwarze Meer, nach Kleinasien, Ägypten und Nordafrika unter römischer Oberherrschaft stand.
Man muss den Römern dabei zugute halten, dass sie um eine gerechte und tolerante Herrschaft bemüht waren: Kulturell bedingte oder religiöse Verfolgungen gab es nicht (die Christen wurden wegen ihres Widerstands gegen Rom verfolgt, nicht primär wegen ihrer Religion), die römische **Infrastruktur** führte in den Provinzen zu zahlreichen Verbesserungen und vor allem in der Kaiserzeit funktionierte die Verwaltung auch der entlegensten Gebiete so hervorragend, dass das weströmische Reich erst vier Jahrhunderte später, in den Wirren der Völkerwanderung, unterging.

Die Macht und das Wort – Über das Verhältnis von Handeln und Reden in der Politik

In der antiken Welt hatte die Rede im politischen Alltag einen ungleich größeren Stellenwert als heute. Kein Tag verging, an dem nicht auf den Marktplätzen der großen und kleinen Städte des Altertums Reden zu allen möglichen politischen, gesellschaftlichen oder juridischen Themen gehalten wurden. Auf dem *Forum Romanum* gab es eine eigene Redetribüne (die sog. *rostra*), auf der die besten Redner Roms auftraten, um dem *populus* ihre Meinung kundzutun.
Reden dienten der Aufforderung zur Zustimmung bestimmter Vorhaben, oder auch der Rechtfertigung erfolgter Taten, dem „Fertigmachen" des Gegners und dem Lob des Anhängers.
Auf den ersten Blick scheint es, als ob sich bis zur heutigen Zeit nicht viel geändert hätte, nur dürfen wir nicht vergessen, dass es in der Gegenwart die Massenmedien gibt, die dem Politiker zusätzlich zum gesprochenen Wort ungeheuer vielfältige Beeinflussungsmöglichkeiten bieten.
In der lateinisch-griechischen Welt offenbarte sich also **politisches Handeln** durch das gesprochene Wort; deswegen sind in allen lateinischen historischen Texten immer wieder Reden eingefügt, um die erzählten Geschehnisse greifbarer zu machen; deswegen werden die Reden der großen *oratores*, allen voran natürlich die Ciceros, bis auf den heutigen Tag als lebendiges Beispiel des freien Wortes gegenüber der realen Macht verstanden.

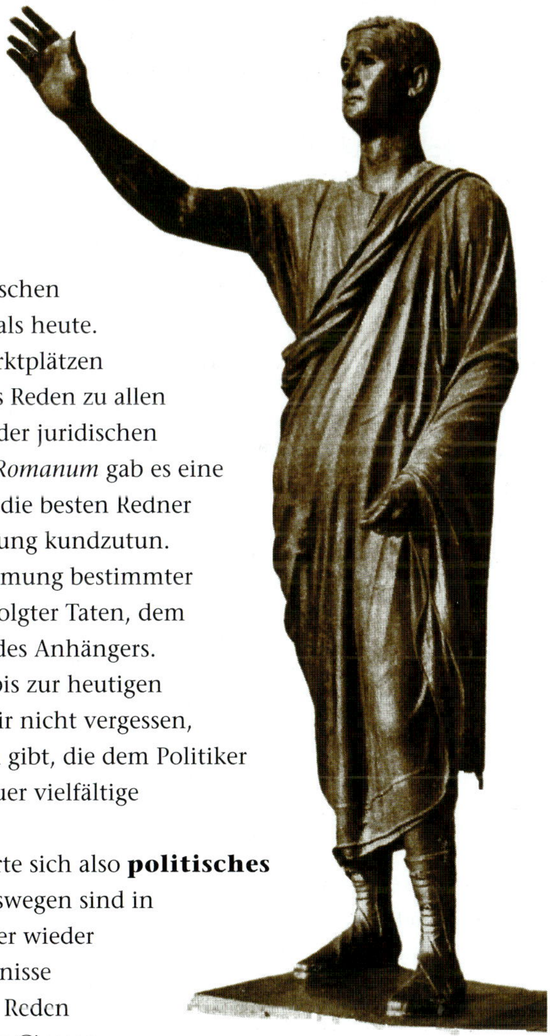

Abb. 1: „L'arringatore", der Redner – jener Typus, den Cicero in seiner Meisterschaft wohl verkörperte. Etruskische Bronzeplastik (1. Jh. v. Chr.), Florenz, Nationalmuseum.

Allerdings gab es auch schon in der Antike so manche manipulatorische Beeinflussung durch gewiefte Redner, allen voran die berühmt-berüchtigten **Sophisten** (um 400 v. Chr., s. u.), die gegen Bezahlung jeden beliebigen Standpunkt zu vertreten wussten.
In unserer Zeit hat Rhetorik oft einen zwiespältigen Ruf, aus verschiedenen Gründen. Einer ist das Blutbad, das demagogische Mörder wie Hitler und Goebbels im 20. Jh. angerichtet haben. Ein anderer ist das Misstrauen der Öffentlichkeit gegenüber den modernen Medien, mit allen Möglichkeiten der **Massenmanipulation**, einschließlich politischer Propaganda und der Werbung für Konsumgüter.
Auf der anderen Seite steht die Tatsache, dass gerade die großen internationalen Firmen ihre Führungskräfte in aufwändigen rhetorischen Seminaren in **moderner Redekunst** schulen und sogar im Deutschunterricht unserer höheren Schulen Präsentation und rhetorischer Darstellung immer mehr Bedeutung beigemessen wird.
Die Beschäftigung mit der Entwicklung und dem Wesen der Redekunst ist also auch in der heutigen Zeit nutzbringend und fruchtbar.

Die Geschichte der Rhetorik

Die Geschichte der Rhetorik beginnt in Griechenland. Vorformen einer noch unsystematischen Redekunst sind besonders in den Werken der **attischen Tragiker** (Aischylos, Sophokles, Euripides) zu finden, zum Beispiel im „König Ödipus" des Sophokles (497–405 v. Chr.) mit seinem antithetischen Stil und seiner bereits ausgefeilten Beweistechnik; aber auch die Geschichtsschreibung (Herodot, Thukydides) ist von der Rhetorik beeinflusst.
Besondere Bedeutung kommt in der Entwicklung der Rhetorik jedoch der **Sophistik** zu: Darunter versteht man jene intellektuelle Bewegung, die den Menschen als „Maß aller Dinge" (Protagoras) ansah, den Relativismus aller Werte predigte, an die Lehrbarkeit des Wissens glaubte und das Recht des Stärkeren verkündete. Ihre Überzeugungen trafen sich mit den Grundanliegen der Rhetorik, so in der systematischen Erfassung der Kunst des Überredens und im Interesse an materiellem Gewinn und Macht. Der Sophist **Gorgias** aus Sizilien, der 427 v. Chr. zum ersten Mal in Athen auftrat, war der erste große Redelehrer. Er betonte die Notwendigkeit, mittels der Rede die Gefühle (Affekte) des Zuhörers anzusprechen, womit jede gewünschte Wirkung zu erzielen sei. Auch war er der Begründer der rhetorischen Figurenlehre (➤ rhet. Stilmittel, S. 122).

Abb. 2: Cicero und die Rhetorik, *Andrea di Firenze (A. di Bonaiuto), Freskenzyklus (1365, Ausschnitt). Florenz, Spanische Kapelle von Santa Maria Novella. Cicero, in italienischer Zeittracht im Vordergrund, hält eine Schriftrolle und einen Griffel. Im Hintergund die Allegorie der Rhetorik.*

Mit dem großen Philosophen **Sokrates** (470–399 v. Chr.) setzte die Gegenbewegung der Philosophie gegen die Sophistik ein. Sokrates setzte die Wahrheitsfindung vor die Wahrscheinlichkeit, und die Überzeugung im dialektischen Prozess von Frage und Antwort vor die Überredungskunst der Rhetorik. Sein Schüler **Platon** (um 427–347 v. Chr.), dessen Schriften wir die Kenntnis von der Lehre des Sokrates verdanken, führte einen lebenslangen Kampf gegen die Rhetorik, insbesondere gegen den Gorgias-Schüler **Isokrates** (436–338 v. Chr.). Dieser beanspruchte für die Rhetorik den gleichen Rang wie für die Philosophie; er betonte die Naturanlage, die Ausbildung und praktische Erfahrung als wesentliche Voraussetzungen für einen erfolgreichen Redner. Isokrates wurde als überragender Stilist bewundert, der – ebenso wie Platon – endgültig die Prosa der Dichtung gleichberechtigt an die Seite stellte.
Platons bedeutendster Schüler **Aristoteles** (384–322 v. Chr.) folgte der sophistischen Tradition, ging aber eigene Wege. Seine drei Bücher umfassende „Rhetorik" ist das bedeutendste aller existierenden Lehrbücher der Redekunst. Er unternimmt u. a. die Einteilung in Gerichtsrede, politische Rede und Gelegenheitsrede, er befasst sich mit dem Auffinden der Hauptgesichtspunkte (lat.: *inventio)*, mit der sprachlichen Formulierung *(elocutio)* und der Gliederung *(dispositio)*, er behandelt die Beweisführung bis hin zu den Wahrscheinlichkeitsargumenten. Mit seinem Werk war die systematische Erfassung der Redekunst so gut wie abgeschlossen, in den folgenden Jahrhunderten wurde nur mehr an Einzelheiten gearbeitet.
Die großen attischen Redner des 4. Jhs. v. Chr., wie z. B. **Lysias** (um 400 v. Chr.), der durch seine Schlichtheit zum Vorbild für die Attizisten (siehe unten) wurde, oder der berühmteste griechische Redner, **Demosthenes** (384–322 v. Chr.), dessen Reden gegen König Philipp von Makedonien Cicero zum Vorbild für seine „Philippischen Reden" gegen Marcus Antonius wurden, wirkten zu allen Zeiten als Stilmuster nach, ohne jedoch die theoretische Diskussion weiterzuführen. Im **Hellenismus** wird die gesamte Literatur von der Rhetorik beeinflusst, die Stilmittel (Figuren und Tropen) werden ausgebaut, wobei auch die Stoiker, die u. a. das Wahrheitsmoment in der Rede betonen, Einfluss auf die Gestaltung der Rhetorik nehmen. In Kleinasien entwickelt sich ein eigener Stil, der so genannte **Asianismus**, der durch zerhackten Satzbau, übertriebene Rhythmisierung und schwülstiges Pathos sowie eine künstliche, rezitativische Vortragsweise gekennzeichnet ist. Später wird diese Stilform durch den **Attizismus** (1. Jh. v. Chr.) wieder überwunden, der die Stilreinheit und den schlichten Ausdruck der großen attischen Redner fordert.
In **Rom** strömte mit der griechischen Bildung im 2. Jh. v. Chr. auch die griechische Rhetorik ein, erfuhr aber keine schöpferische Neugestaltung. Es entsprach dem praktischen römischen Denken, dass der Redner gegenüber der Rede und der Lehrer gegenüber der Theorie stärker betont wurde als in Griechenland. Bezeichnend dafür ist der ältere Cato, der allem Griechischen gegenüber skeptisch war, aber selbst viele bemerkenswerte Reden hielt. Seine Sentenzen *„ceterum censeo Carthaginem esse delendam"* und *„rem tene, verba sequentur"* als Beispiele seines pointierten Stils und seines typisch römischen Pragmatismus sind heute noch geläufig.
Repräsentativ für die griechische Unterweisung der römischen *oratores* sind **Ciceros Lehrer** Apollonios Molon, den er in Rom und auf Rhodos hörte, der Stoiker Poseidonios sowie die Häupter der athenischen Akademie, Philon von Larisa und Antiochos von Askalon. Diese Mischung von rhetorischem und philosophischem Unterricht findet ihren Ausdruck in Ciceros Ideal des *orator sapiens*, des philosophisch gebildeten Redners und Staatsmannes.
Ciceros wohl bedeutendste theoretische Leistung war die Entwicklung einer lateinischen Terminologie, die allerdings schon in Lehrbüchern wie der *„Rhetorica ad Herennium"* (unter Ciceros

Namen überliefert) vorgeformt war. Ciceros wichtigste theoretische Bücher über die Redekunst sind eher unsystematisch: So behandelt *„De oratore"* (55 v. Chr.) die Frage nach dem Sachwissen des Redners, *„Brutus"* (46 v. Chr.) die Geschichte der römischen Beredsamkeit und der aus demselben Jahr stammende *„Orator"* das Thema des vollkommenen Redners und der besten Art des Redens, wobei der breiteste Raum dem Stil gewidmet wird.
In der **Kaiserzeit** schwindet mit dem Verlust der politischen Auseinandersetzungen auch die Bedeutung der Redekunst für das öffentliche Leben. Die Rhetorik, die seit Vespasian (regierte 69–79 n. Chr.) an staatlichen Schulen gelehrt wurde, entwickelte sich einerseits immer mehr zum Bildungsfach des Schulbetriebs, andererseits entstand ein regelrechtes Virtuosentum der professionellen Redekünstler, die einen neuen Typus, die **Deklamation** (z. B. Reden über historische Themen oder fingierte Rechtsfälle) vor interessiertem Publikum vortrugen. Das letzte große Lehrbuch in dieser Zeit – und das umfangreichste seiner Art – ist die *„Institutio oratoria"* des Spaniers **M. Fabius Quintilianus** (ca. 35–100 n. Chr.). Quintilian breitet darin das ganze rhetorische Wissen seiner Zeit aus. Wie schon für Cicero gehörte für ihn die Rhetorik zu den für einen Freigeborenen wichtigen Wissenschaften *(artes* oder *doctrinae liberales).*
Im **Mittelalter** entstand ein Kanon von *septem artes liberales*, bestehend aus dem *Trivium* (Grammatik, Rhetorik, Dialektik = Fähigkeit zur logisch fehlerfreien Gesprächsführung) und dem *Quadrivium* (Arithmetik, Musiktheorie, Astronomie). Bis etwa ins 18. Jh. durchdrang die Rhetorik die gesamte höhere Bildung. Sie ist heute noch im angelsächsischen und romanischen Sprachraum stärker verankert als im deutschen, obwohl wir auch hier in Aufsatz (Stoffsammlung, Disposition) und Textkritik (Stilmittel) rhetorische Grundmuster erkennen können.

Die Rede und ihr Aufbau

Eine Rede ist ein Stück Prosa, das ein konkretes persönliches, juridisches, gesellschaftliches oder politisches Problem zum Anlass nimmt, um – in ihrer ursprünglichen, **mündlichen** Fassung – den Zuhörern den Standpunkt des Autors zu verdeutlichen und sie, wo möglich, davon zu überzeugen. Anders als heute war es in der Antike nicht üblich, Reden vor ihrem mündlichen Vortrag bereits schriftlich verteilen zu lassen oder sie von einem Manuskript abzulesen. Tatsächlich war die antike Rede der unmittelbare Ausdruck einer lebendigen Auseinandersetzung mit der politischen Wirklichkeit.
Die **schriftliche** Fassung einer Rede war entweder überhaupt nur zum Lesen bestimmt (wie Ciceros *„actio secunda"* gegen Verres oder die Rede *„Pro Milone"* und die zweite „Philippische Rede"), oder sie war die Neubearbeitung einer tatsächlich gehaltenen mündlichen Fassung. So finden sich Elemente einer späteren Rechtfertigung in der aus dem Jahre 60 v. Chr. stammenden Fassung der Catilinarischen Reden. Solche zum Lesen aufbereitete oder ausschließlich dafür verfassten Reden zeigen, wie weit die Rhetorik über ihren unmittelbaren Anlassfall hinaus eigenständigen, ja literarischen Charakter gewonnen hatte.
In der klassischen Rhetorik werden **drei Arten von Reden** unterschieden, wobei jedoch zu beachten ist, dass sich Ciceros rhetorische Praxis oft nicht an diese und die folgenden theoretischen Anforderungen hält:

1. Das **genus iudiciale**, die Gerichtsrede. Sie entspricht unserem Plädoyer. Es gab jeweils Anklage- und Verteidigungsreden. Oft waren mehrere Ankläger und Verteidiger an einem Fall

beteiligt. Die Verteidigung war weit angesehener als die Anklage, und Cicero wollte immer lieber Verteidiger als Ankläger sein. Der typische Aufbau einer Gerichtsrede:

exordium: Einleitung (Rechtfertigung der persönlichen Beteiligung an einem Prozess)

narratio (und **divisio**): Erzählung des Hergangs (und Gliederung) des Sachverhalts

argumentatio (**confirmatio** und **refutatio**): Beweisführung (Nachweis der eigenen Behauptungen und Widerlegung der gegnerischen). Dieser Teil, der z. B. in der ersten Rede gegen Catilina – die zwar politisch, aber in ihrem Aufbau doch Gerichtsrede ist – eine wesentliche Rolle spielt, fehlt in der Rede *„De signis"* gegen Verres, wo Einzelerzählungen die Beweise vertreten; Cicero nähert sich so der Dokumentation (➤ T4–6, S. 22 ff.).

peroratio: Schlusswort (meist recht pathetisch, mit der Bitte um Milde bzw. Strenge der Richter, oft verbunden mit einer Anrufung der Götter; ➤ T16, S. 54).

2. Das **genus deliberativum**, die „Abwägungsrede", die politische Rede. Ein politisches Problem wird nach verschiedenen Richtungen hin untersucht und die Meinung des Redners, z. B. hinsichtlich eines Gesetzesantrags, wird kundgetan. Ein Beispiel aus Ciceros Schaffen ist die Rede *„De imperio Cn. Pompeii"*.
3. Das **genus demonstrativum**, die „Hinweisungsrede", die Gelegenheitsrede. Aus einem festlichen Anlass wird z. B. eine Dankesrede gehalten. Vordergründig betrachtet scheint Ciceros Rede an Caesar *„Pro Marcello"* unter diese Gattung zu fallen, aber tatsächlich ist sie viel mehr, nämlich die Forderung an Caesar, den Staat zu erneuern, und damit eine eminent politische Rede (➤ T18, S. 60).

In der rhetorischen Praxis gab es noch einen vierten Typus, die **Invektive** oder „Schmährede". Ein – meist politischer – Gegner wird nach allen Regeln der Kunst „fertiggemacht", wobei die Invektive keineswegs private, persönliche Angriffe außer Acht lässt. Eine typische Invektive ist die zweite „Philippische Rede" (➤ T19, S. 63); sie lässt sich am ehesten mit dem Anklagetypus der Gerichtsrede vergleichen.

Aufgaben und Arbeit des Redners

Cicero sah in der philosophischen Schulung eine der Grundvoraussetzungen für einen erfolgreichen Redner, wobei er sich Demosthenes zum Vorbild nahm:

> Festgelegt sei daher vor allem, was später noch deutlicher zu erkennen sein wird: Dass es ohne die Philosophie nicht möglich ist, einen solchen Redner, den wir suchen, hervorzubringen. [...] Denn ohne die Schulung der Philosophen können wir weder Gattung und Art jeder Sache erkennen, noch sie in der Definition erklären, noch sie gliedern, noch beurteilen, was wahr und was falsch ist, noch die Konsequenzen erkennen, die Widersprüche sehen, die Doppeldeutigkeiten unterscheiden. *Or. 14, 16*

Diese Grundvoraussetzungen gestatten es dem Redner, mit größter intellektueller Sicherheit an seine Aufgaben bei der Gliederung und Abfassung der Rede heranzugehen. Diese Tätigkeiten sind in der rhetorischen Theorie ebenfalls genau eingeteilt, wobei die ersten drei Prinzipien auch heute bei Abfassung eines Aufsatzes nichts von ihrer Bedeutung verloren haben:

inventio: das Auffinden der Hauptgesichtspunkte, die Stoffsammlung. Dazu gehörte auch das Auffinden der passenden **Topik**, der *loci communes*, d. h. die Gliederung der Argumente nach Begriffen, die der Erörterung dienen. (Heute werden unter „Topoi" in der Literaturwissenschaft bestimmte Denk- und Ausdrucksschemata verstanden, die in Texten immer wiederkehren, so z. B. der Topos vom „unglücklichen Reichen".)

dispositio: Die Stoffgliederung nach wesentlichen und weniger wichtigen Teilen, nach Haupt- und Unterpunkten, auch heute noch „Disposition" genannt.

elocutio: Die stilistische Formulierung war für das Endprodukt, die fertige Rede, von besonders großer Bedeutung. Je nach Verwendungszweck wurden drei **Stilarten** eingesetzt:

- das **genus subtile** (der schlichte Stil), z. B. in der *narratio*,
- das **genus medium** (der mittlere Stil), z. B. in der *argumentatio*,
- das **genus grande** (der erhabene Stil), z. B. in der *peroratio*.

Zur Ausschmückung dienten die **Figuren** und **Tropen**, die Stilmittel der Rhetorik (➤ S. 122). Schließlich war auch die **Rhythmisierung der Aussagen** sehr wichtig, und so manche Wortfolge wurde nicht so sehr von ihrem Inhalt als von ihrem Rhythmus bestimmt.

memoria: das Memorieren, das Auswendiglernen der Rede. Die Rede wurde ja nicht abgelesen, sondern frei vorgetragen. Die Gedächtnisleistung war so groß, dass auch auf unerwartete Reaktionen eingegangen werden konnte.

actio: der eigentliche Vortrag. Dabei ging es nicht nur um die Sprechleistung an sich, sondern auch um die Mimik und Gestik des Redners, die genau einstudiert wurden.

Die Grundvoraussetzungen für diese Fähigkeiten und Techniken wurden in eigenen Rhetorenschulen gelehrt. Die großen Meister der Redekunst, wie Cicero, beherrschten diese Fertigkeiten so gut, dass sie wirkungsvolle Reden, wie z. B. die 1. Rede gegen Catilina (in ihrer ursprünglichen Fassung), auch improvisieren konnten.

Römische Prozessordnung

Im römischen Prozessrecht wurde streng zwischen der Klärung privater Streitigkeiten durch ein **iudicium civile** und der Klärung öffentlicher Streitigkeiten durch ein **iudicium publicum** unterschieden. Zur zweiten Form – nur sie spielt hier eine Rolle – wurden Vergehen gegen die Interessen der *res publica* gezählt. Diese Zweiteilung in Zivil- und Strafprozess ist bis in unsere modernen Verfassungen beibehalten worden.

Propaganda und Manipulation

Das Wort **„Propaganda"** ist eigentlich das Gerundiv, n. pl. v. *propagare* und bedeutet „Dinge, deren Verbreitung notwendig ist". Es bezeichnete ursprünglich die verschiedenen Missionsbemühungen der katholischen Kirche (vgl. die *„Congregatio de propaganda fide"*), wurde aber seit der Französischen Revolution auch im politischen Sinn immer häufiger genutzt.
Heute bezeichnet Propaganda vor allem politische und ideologische Werbung, oft für eine Person oder Partei, vor allem in Vorwahlzeiten. Propagandainstrumente sind heute Plakate, Flugblätter, Inserate, Werbeeinschaltungen in den Medien, TV und Radio, Internet, aber natürlich auch öffentliche Auftritte und Werbeveranstaltungen der Politiker.
Der Begriff **„Manipulation"** dagegen stammt vom lat. *manipulus*, „eine Handvoll", und bedeutet – meist in abwertendem Sinn – die „Handhabung" und Beeinflussung anderer, die sich dieses Vorganges im Allgemeinen nicht bewusst sind.
So wie in der Werbung insgesamt, sind die Grenzen zwischen sachlicher Information und bewusster Desinformation und Manipulation auch in der politischen Propaganda sehr oft fließend.

Propaganda als gezielte Massenbeeinflussung wurde nicht nur während des Dritten Reiches und des Stalinismus genutzt, sondern auch in neuerer Zeit, um z. B. Kriege medial zu begründen oder berechtigte Kritik am Vorgehen staatstragender Politiker als Landesverrat zu brandmarken.
Im **antiken Rom** wurde Propaganda in der Republik vor allem durch aufwändige Wahlveranstaltungen (Spiele, kostenloses Getreide), aber auch durch das Prägen von Münzen mit dem Bildnis wichtiger Politiker eingesetzt. Tatsächlich wurde aber die politische Propaganda der Republik aus der Tasche des jeweiligen Kandidaten finanziert, während es sich in der Kaiserzeit stattdessen um eine gezielte Staatspropaganda handelte, mit dem Zweck, die Leistungen des Regenten zu verherrlichen, ja ihn vor den Augen der Öffentlichkeit als Gott zu präsentieren.
In der östlichen Reichshälfte wurden die römischen Kaiser sogar schon zu Lebzeiten als Götter verehrt, und selbst unter einem so toleranten Herrscher wie Trajan wurden Andersdenkende, die nicht bereit waren, die Staatsgötter und das Kaiserbildnis anzubeten, zum Tode verurteilt (wie wir z. B. aus dem sog. „Christenbrief" des jüngeren Plinius wissen).
Großartige Bauten, Reliefs, Statuen und andere Kunstwerke wurden ebenso zu Propagandazwecken eingesetzt wie gut sichtbare Inschriften an öffentlichen Gebäuden und Werke von „Hofdichtern", die den Kaiser und seine Taten verherrlichten.
Der erste römische Kaiser, der seine Leistungen bewusst gepriesen sehen wollte, war **Augustus**, dessen propagandistische Darstellung trotz seiner zur Schau getragenen „republikanischen" Grundhaltung typisch für die gesamte Epoche ist. Im Folgenden soll darum die römische Propaganda der Kaiserzeit an diesem Beispiel erläutert werden (➤ Teil II, S. 87 ff.).

Staatslehre und Staatsräson

Die Staatslehre – auch Staatstheorie oder Staatsphilosophie genannt – beschäftigt sich mit der Frage der besten Staatsformen, dem Verhältnis von Herrscher und Volk zueinander, dem Wandel der Staatsformen und den juridischen wie ethischen Grundlagen staatlicher Ordnung.
Der erste bedeutende Staatstheoretiker war der Grieche **Platon** (um 427–347 v. Chr.), der u. a. in seiner „Politeia" („Staat") genannten Schrift das Modell eines Idealstaates entwirft, in dem Gütergemeinschaft herrscht, die Menschen nach ethischen Grundsätzen erzogen werden und letztlich die Philosophen Könige bzw. die Könige Philosophen sein sollten.

*Abb. 3: **Platon**, eine hellenistische Kopie, das Original des Bildhauers Silanion entstand zwischen 300 und 345 v. Chr. und dürfte sehr lebensähnlich gewesen sein. Die Kopie gilt als beste erhaltene Darstellung; heute in Stockholm, Nationalmuseum.*

Platon ging es dabei nicht um die tatsächliche Verwirklichung eines solchen Staatsgebildes, wohl auch nicht seinem geistigen Nachfolger **Thomas Morus** (1478–1535), dessen – Namen gebende – „Utopia“ die Fiktion eines solchen Staates entwirft.
Platons Schüler **Aristoteles** (384–322 v. Chr.) wandte sich von dem rein theoretischen Programm seines Lehrers ab und nannte den Menschen ein „zoon politikón“ („die Gemeinschaft suchendes Lebewesen“, bei Cicero: *animal sociale*). Deswegen müssten die realen Staaten untersucht und kritisiert werden.
Damit legt Aristoteles den Grundstein für die hellenistischen Staatstheorien. Deren bedeutendste ist die des Historikers **Polybios** (200–120 v. Chr.), von dem Cicero stark beeinflusst wurde. Der Kern seiner – nicht vollständig erhaltenen – „Historien“ ist die Schilderung des Übergangs der Herrschaft im Mittelmeerraum von den Makedonen auf die Römer.
M. Tullius Cicero (106–43 v. Chr.), der große römische Staatsmann und Redner (➤ T4–6, S. 22 ff. und T12–19, S. 47 ff.), war als Philosoph vornehmlich Eklektiker („Auswähler“). Ihm ging es darum, die griechische Philosophie einem darin noch weitgehend ungebildeten römischen Publikum schmackhaft zu machen. Seine Lehre vom Wandel der Staatsformen und der besten, nämlich der römischen Mischverfassung, stammt überwiegend von dem Historiker Polybios.

Spätantike und neuzeitliche Staatslehre

Seit dem Sieg des Christentums (unter Kaiser Theodosius, 347–395 n. Chr.) änderte sich die Staatsauffassung Europas grundlegend. An Stelle der hellenistischen Kreislauftheorien traten theologisch inspirierte Lehren von der Geradlinigkeit der Weltschöpfung und der Zwei-Staaten-Lehre (**Augustinus**, 354–430 n. Chr.).
In der Neuzeit schuf v. a. der Florentiner **Machiavelli** (1469–1527) in seinem „Il Principe“ die Theorie der Staatsräson, wonach dem Fürsten jedes Mittel, das dem Staat nützt, erlaubt sei.
Erst seit der Aufklärung (18. Jh.) setzten sich die modernen demokratischen Strömungen (v. a. durch die amerikanischen und französischen Revolutionen) durch, bis im 20. Jh. die großen Kriege zwischen Demokratie und Totalitarismus (Herrschaft einer Staatspartei) ausgefochten wurden.

Teil I
AUSSENPOLITIK

DIE PRAXIS DES IMPERIALISMUS
Caesars Feldzug gegen Ariovist

Abb. 4: Idealbildnis Caesars, *Rom, Nationalmuseum. Das Idealbild zeigt den großen Staatsmann so, wie er sich gern selbst sah: streng und gebieterisch, aber doch mit von Milde* (clementia) *überstrahlten Gesichtszügen.*

C. Iulius Caesar (100–44 v. Chr.), der wohl populärste Römer aller Zeiten (ausführliche Biografie in ➤ „Imagines" v. W. Schepelmann, Reihe „Latein in unserer Zeit"), ist vor allem durch seine Eroberung Galliens (58–51 v. Chr.) in die Geschichte eingegangen. Die Motive, die Caesar bewogen, diesen gewaltigen Feldzug zu unternehmen, sind unterschiedlich:
An erster Stelle stand natürlich das schon erwähnte „imperialistische" Streben Roms, seinem Imperium immer größere Gebiete einzuverleiben und damit seine Macht auf den ganzen bekannten Erdkreis *(„orbis terrarum")* auszudehnen. Andererseits verfolgte Caesar damit auch seine persönlichen Interessen, nämlich sich gegenüber dem mächtigen Pompeius als der vielleicht noch bedeutendere Feldherr zu positionieren, seine Popularität in Rom zu festigen und letztlich eine schlagkräftige und kampferprobte Armee für den unausweichlichen Endkampf um die Macht – den Bürgerkrieg gegen Pompeius und die Senatsherrschaft – um sich zu scharen.
Caesar konnte mit dem gallischen Feldzug einen riesigen Erfolg für sich verbuchen – sogar Cicero, der Caesar gegenüber immer äußerst kritisch war, wusste ihm zu verschiedenen Anlässen (Reden: *„De provinciis consularibus", „Pro Marcello")* Lob zu spenden. Auch Caesars geschickte Propaganda in eigener Sache, nämlich durch die alljährlich herausgegebenen *„Commentarii de Bello Gallico"* dem Senat das fremde Land sowie seine eigenen Erfolge in einer quasi-objektiven Weise vorzustellen, ist auch heute noch bewundernswert.

Der Krieg gegen Ariovist

Den Anlass für Caesars Eingreifen in Gallien gab die Auswanderung der Helvetier (➤ „Imagines" v. W. Schepelmann, Reihe „Latein in unserer Zeit"), deren erfolgreiche Verhinderung ihn in den Augen der Gallier gewissermaßen als „Weltpolizei" erscheinen ließ. Sie wandten sich daraufhin an Caesar mit der Bitte, gegen die in Gallien eingefallenen Germanenstämme unter dem König Ariovist vorzugehen.
Ariovist war Heerkönig der Sueben und hatte um 71 v. Chr. auf Bitten des gallischen Stammes der Sequaner, die militärische Hilfe gegen die verfeindeten Häduer benötigten, mit 15 000 Mann den Rhein überschritten. Doch er begnügte sich nicht damit, nur als Verbündeter angesehen zu werden, sondern nahm bis 58 v. Chr. zwei Drittel des Sequanergebietes mit 120 000 Mann in Besitz. Trotz eines Freundschaftsvertrages, den er unter dem Konsulat Caesars (59 v. Chr.) mit Rom abgeschlossen hatte, zog Caesar gegen ihn in den Krieg. Der Grund dafür waren zunächst die Bitten der Gallier. Natürlich war er sich aber auch der Gefahr einer linksrheinischen Ansiedlung der gefürchteten Germanen bewusst. Außerdem stand Ariovist Caesars wie Roms imperialistischen Plänen im Wege.

Zu Sprache und Stil der folgenden Textausschnitte

Caesar verwendet zu Anfang seiner *„Commentarii"* zur Wiedergabe gesprochener Reden nie die direkte, sondern ausschließlich die indirekte Rede *(„oratio obliqua")*. Er will damit wohl die Sachlichkeit und Objektivität seines Berichts erhöhen (diesem Zweck dient auch die Tatsache, dass er von sich nur als „Caesar", nie als „ich" spricht), da die indirekte Rede nur den Inhalt, nicht aber die exakte Formulierung der gesprochenen Worte wiedergibt.

Die Texte scheinen damit auf den ersten Blick relativ schwierig zu übersetzen zu sein, sie sind aber durchaus bewältigbar, wenn man sich folgende Grundsätze vor Augen hält: Die *oratio obliqua* im Lateinischen steht im AcI (Hauptsätze) bzw. im Konjunktiv (Gliedsätze, Aufforderungen). Im Deutschen steht sie traditionellerweise im Konjunktiv, wobei man heute wohl auch auf eine durchgehende Wiedergabe im Indikativ ausweichen könnte. Zu vermeiden ist es, jeden AcI mit „dass" zu beginnen, auch wenn diese Methode zu Anfang vielleicht eine Erleichterung bedeutet.

1 text

C. Iulius Caesar,
Commentarii de Bello Gallico, I 30–34 (Ausschnitte)

Der Hilferuf der gallischen Fürsten

30 Bello Helvetiorum confecto totius fere Galliae legati principes civitatum[1] ad Caesarem gratulatum[2] convenerunt: intellegere sese[3], tametsi pro veteribus Helvetiorum iniuriis populi Romani ab his poenas bello repetisset[4], tamen eam rem, non minus ex usu[5] terrae Galliae quam populi Romani accidisse.

30 **1 legati principes civitatum**: Gesandte, und zwar die Stammesfürsten **2 gratulatum** (sup.): um zu gratulieren **3 intellegere sese**: Hier beginnt eine indirekte Rede; *sese* = *se* (häufig bei Caesar) **4 ab his poenas bello repetere**: sie im Krieg bestrafen **5 ex usu**: zum Nutzen

31 Eo concilio dimisso iidem principes civitatum, qui ante fuerant, ad Caesarem reverterunt petieruntque, uti sibi secreto in occulto[6] de sua omniumque salute cum eo agere[7] liceret. Ea re impetrata sese omnes flentes Caesari ad pedes proiecerunt: non minus se id contendere et laborare[8], ne ea, quae dixissent, enuntiarentur[9], quam uti[10] ea, quae vellent, impetrarent, propterea quod[11], si enuntiatum esset, summum in cruciatum[12] se venturos viderent. Locutus est pro his Diviciacus Haeduus: Galliae totius factiones esse duas; harum alterius principatum tenere Haeduos, alterius Arvernos. Hi cum tantopere[13] de potentatu inter se multos annos contenderent,

31 **6 secreto in occulto**: ganz im Geheimen **7 ago** 3, egi, actum: h. verhandeln (häufig bei Caesar) **8 contendere et laborare**: sich darum *(id)* bemühen **9 enuntio** 1: im Passiv h. an die Öffentlichkeit dringen **10 uti** = *ut* (häufig bei Caesar) **11 propterea quod**: (deswegen,) weil (häufig bei Caesar) **12 summum in cruciatum**: in die höchsten Schwierigkeiten **13 tantopere**: so sehr

factum esse, uti ab Arvernis Sequanisque Germani mercede[14] arcesserentur. Horum primo circiter[15] milia XV Rhenum transisse; posteaquam[16] agros et cultum et copias Gallorum homines feri ac barbari adamassent[17], traductos[18] plures; nunc esse in Gallia ad CXX milium numerum[19].

Durch diese militärische Unterstützung sei es den Sequanern gelungen, die Häduer zu besiegen und von sich abhängig zu machen.

32 Sed peius victoribus Sequanis quam Haeduis victis accidisse[20], propterea quod Ariovistus, rex Germanorum, in eorum finibus consedisset tertiamque partem agri Sequani, qui esset optimus totius Galliae, occupavisset, et nunc de altera parte tertia Sequanos decedere iuberet, propterea quod paucis mensibus ante Harudum milia hominum XXIV ad eum venissent, quibus locus ac sedes[21] pararentur. Futurum esse paucis annis[22], uti omnes ex Galliae finibus pellerentur atque omnes Germani Rhenum transirent; neque enim conferendum esse Gallicum[23] cum Germanorum agro, neque hanc consuetudinem victus[24] cum illa comparandam. Ariovistum autem, ut semel[25] Gallorum copias proelio vicerit – quod proelium factum sit ad Magetobrigam –, superbe et crudeliter imperare, obsides[26] nobilissimi cuiusque[27] liberos poscere et in eos omnia exempla cruciatusque edere[28], si qua res non ad nutum aut ad voluntatem eius facta sit. Hominem esse barbarum, iracundum, temerarium; non posse eius imperia diutius sustineri. Nisi quid[29] in Caesare populoque Romano sit auxilii, omnibus Gallis idem esse faciendum, quod Helvetii fecerint, ut domo emigrent, aliud domicilium, alias sedes remotas a Germanis petant fortunamque, quaecumque accidat, experiantur. Haec si enuntiata Ariovisto sint, non dubitare, quin de omnibus obsidibus, qui apud eum sint, gravissimum supplicium[30] sumat. Caesarem vel auctoritate sua

14 mercede: gegen Bezahlung **15 circiter**: ungefähr **16 posteaquam** = *postquam* **17 adamassent** = *adamavissent* (adamo 1: lieb gewinnen; das Subjekt ist *homines feri ac barbari* – gemeint sind die Germanen) **18 traductos**: erg. *esse* **19 ad ... numerum**: etwa

32 20 peius ... accidere: schlechter ergehen **21 locus ac sedes**: Wohnsitze **22 futurum esse paucis annis**: es werde in wenigen Jahren geschehen **23 Gallicum**: erg. *agrum* **24 consuetudo victus**: Lebensweise **25 ut semel**: sobald einmal **26 obsides**: als Geiseln (prädikativer Gebrauch) **27 nobilissimi cuiusque**: von den Allervornehmsten **28 omnia exempla cruciatusque edere**: die grausamsten Strafen und Folterungen vornehmen **29 nisi quid**: außer wenn **30 gravissimum supplicium**: die Todesstrafe

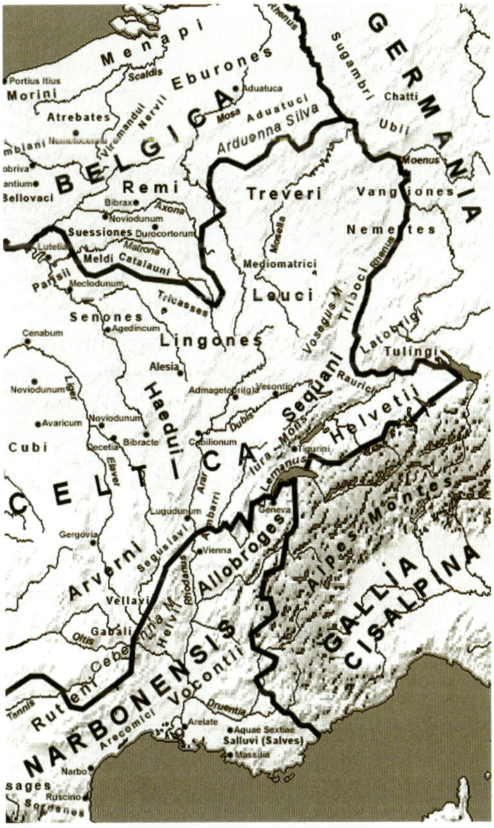

Abb. 5: ***Karte Galliens zur Zeit Caesars*** *(58 v. Chr.) Der Ausschnitt zeigt die* Gallia Cisalpina *(Norditalien), die Gallia Narbonensis (die heutige Provence, von wo aus Caesar seine Eroberungszüge unternahm), die* Belgica *im heutigen Belgien und den östlichen Teil der* Gallia Celtica *mit den Siedlungsgebieten der Sequaner und Häduer.*

atque exercitus[31] vel recenti victoria vel nomine populi Romani deterrere posse, ne maior multitudo Germanorum Rhenum traducatur, Galliamque omnem ab Ariovisti iniuria posse defendere.

33 His rebus cognitis Caesar Gallorum animos verbis confirmavit[32] pollicitusque est sibi eam rem curae futuram; magnam se habere spem et beneficio suo et auctoritate adductum Ariovistum finem iniuriis facturum. Hac oratione habita concilium dimisit. Et secundum ea[33] multae res eum hortabantur, quare sibi eam rem cogitandam et suscipiendam putaret[34], imprimis, quod Haeduos fratres consanguineosque[35] saepenumero[36] a senatu appellatos in servitute atque in dicione[37] videbat Germanorum teneri eorumque obsides esse apud Ariovistum ac Sequanos intellegebat; quod in tanto imperio populi Romani[38] turpissimum sibi et rei publicae esse arbitrabatur. Paulatim autem Germanos consuescere[39] Rhenum transire et in Galliam magnam eorum multitudinem venire populo Romano periculosum videbat neque sibi homines feros ac barbaros temperaturos[40] existimabat, quin[41], cum omnem Galliam occupavissent, ut[42] ante Cimbri Teutonique fecissent, in provinciam[43] exirent atque inde in Italiam contenderent, praesertim cum[44] Sequanos a provincia nostra Rhodanus[45] divideret; quibus rebus quam maturrime[46] occurrendum[47] putabat. Ipse autem Ariovistus tantos sibi spiritus, tantam arrogantiam sumpserat, ut ferendus non videretur.

34 Quamobrem placuit ei, ut ad Ariovistum legatos mitteret, qui ab eo postularent, uti aliquem locum medium utriusque conloquio deligeret: velle sese de re publica et summis utriusque rebus[48] cum eo agere.

31 auctoritate sua atque exercitus: durch sein Ansehen und das seines Heeres

33 **32 animos ... confirmare**: Mut machen **33 secundum ea**: darüber hinaus **34 quare ... putaret**: indir. Frage + davon abh. AcI + Gerundiv (erg. *esse*) **35 fratres consanguineosque**: Brüder und Blutsverwandte **36 saepenumero**: oftmals **37 in servitute atque in dicione**: in knechtischer Abhängigkeit **38 in tanto imperio populi Romani**: angesichts der Größe des römischen Reiches **39 Germanos ... consuescere** etc.: AcI, abh. v. *populo Romano periculosum videbat*: Er sah eine Gefahr für das römische Volk, wenn die Germanen ... **40 sibi temperare**: sich zurückhalten **41 quin**: davon, dass sie... **42 ut**: wie (! – wegen indir. Rede mit coni.!) **43 provincia** = *Gallia Narbonensis* (die heutige Provence, Südfrankreich) **44 praesertim cum**: vor allem, da ja **45 Rhodanus**: die Rhône (Fluss in Südfrankreich); erg. nur **46 quam maturrime**: möglichst schnell **47 occurro** 3, occurri + dat.: entgegentreten

34 **48 de re publica et summis utriusque rebus**: über die wichtigsten Staatsangelegenheiten, die beide betrafen

Zu den Machtverhältnissen in Gallien: Der Stamm der Häduer lag seit Jahren im Streit um die Vormachtstellung mit den Stämmen der Arverner und Sequaner. In ganz Gallien hatten diese Stämme ihre Anhänger und Befürworter *(factiones*, politische Gruppierungen). Außerdem gab es in den einzelnen Stämmen romfreundliche und romfeindliche Gruppen. Der Anführer der romfreundlichen Häduer war Diviciacus, dessen Bruder Dumnorix (der in den hier wiedergegebenen Ausschnitten allerdings nicht vorkommt) der Führer der Gegner Roms. Diviciacus war schon drei Jahre zuvor (61 v. Chr.) in Rom gewesen. Er sprach sicher Latein, so wie auch Ariovistus in der folgenden Unterredung mit Caesar.

32 **Ariovistus**: ➤ Einleitung, S. 11

Germani: Die Bezeichnung „Germanen" erscheint das erste Mal bei Poseidonios um 80 v. Chr. Sie wurde durch Caesar in den allgemeinen Sprachgebrauch eingeführt. Es ist unsicher, was der Name bedeutet, und ob er links- oder rechtsrheinischen Ursprungs ist; die Germanen selbst bezeichneten sich jedenfalls ursprünglich nach ihrer eigenen Stammeszugehörigkeit. Tatsächlich war Caesar der erste, der eine genaue Unterscheidung zwischen Galliern (links des Rheins) und Germanen (rechts des Rheins) traf. In späterer Folge, als sich herausstellte, dass die *„Germania libera"* das einzige große Gebiet war, das sich der römischen Eroberung erfolgreich widersetzte, wurde der Mythos von den freien und unbesiegbaren Germanen geboren (z. B. in Tacitus' *„Germania"*), der dem deutschen Nationalismus des 19. und 20. Jhs. so viel Nahrung gab.

Harudum: Die Harudes stammten aus Jütland (dem festländischen Teil von Dänemark).

Magetobriga: Der Schlachtenort ist uns unbekannt.

obsides: Geiselnahme war kein terroristischer Akt, wie das heute der Fall ist, sondern diente der rechtlichen Absicherung von Friedensverträgen. Die Geiseln stammten aus vornehmem Haus und wurden im Allgemeinen gut behandelt (weswegen Ariovists Vorgehen gegen sie – *omnia exempla cruciatusque* – als besonders verabscheuungswürdig gelten musste). Wurden die Verträge jedoch gebrochen, konnten die Geiseln auch getötet werden. (Das ist im Übrigen der Grund für die Bitte der Gallier um Geheimhaltung ihrer Besprechung mit Caesar.)

33 **fratres consanguineosque**: Ein rechtlich bedeutungsloser Ehrentitel der römerfreundlichen Häduer. Tatsächlich sieht sich Caesar hier in dem Dilemma, dass sowohl die Häduer als auch der mit ihnen verfeindete Ariovist erst kürzlich von Rom mit allen Ehrenbezeugungen ausgezeichnet worden waren. Um einen Vorwand für weiteres militärisches Eingreifen zu haben, schlägt sich Caesar jedoch auf die Seite der Häduer und bezeichnet Ariovist schlicht als „untragbar" *(ut ferendus non videretur)*.

Cimbri Teutonique: Die Kimbern, so wie die Haruder aus Jütland stammend, hatten sich etwa 50 Jahre vor Caesars Eingreifen in Gallien – also noch in der lebendigen Erinnerung der Römer! – auf ihrer Südwanderung mit verschiedenen Stämmen vereinigt (darunter auch den Teutonen, woher angeblich das Wort „deutsch" stammt, was jedoch sprachgeschichtlich nicht zutrifft) und in mehreren Schlachten die Römer geschlagen, bis sie 101 v. Chr. von Marius besiegt wurden. Sie galten den Römern als furchtbares Schreckbild germanischer Wildheit und Barbarei.

34 **conloquio**: Es ist schwer zu sagen, ob sich Caesar von seinem Gesprächsangebot an Ariovist tatsächlich eine diplomatische Lösung des Konflikts erhoffte oder ob es nur ein Vorwand war, um einen Krieg gegen den Germanenkönig zu rechtfertigen, falls, wie Caesar wohl voraussah, das Gespräch scheitern sollte.

Ariovist ist zunächst nicht zu einer Unterredung mit Caesar bereit, gibt aber nach, als Caesar Vesontio, die Hauptstadt der Sequaner, besetzt und sein Heer gegen die Germanen marschieren lässt. Die Unterredung findet auf einem kleinen Hügel genau in der Mitte zwischen den Lagern Ariovists und Caesars statt:

2 text

C. Iulius Caesar,
Commentarii de Bello Gallico, I 43–44 (gek.)

„Gipfelgespräch" mit Caesar

43 Planities erat magna et in ea tumulus terrenus satis grandis[1]. Hic locus aequum fere spatium[2] a castris utriusque, Ariovisti et Caesaris, aberat. Eo, ut erat dictum[3], ad conloquium venerunt. Legionem Caesar, quam equis devexerat[4], passibus CC[5] ab eo tumulo constituit; item equites Ariovisti pari intervallo constiterunt. Ariovistus, ex equis ut conloquerentur et praeter se denos[6] ad conloquium adducerent, postulavit[7]. Ubi eo ventum est[8], Caesar initio orationis sua senatusque[9] in eum[10] beneficia commemoravit, quod rex appellatus esset a senatu, quod[11] amicus, quod munera[12] amplissime missa; quam rem et paucis contigisse[13] et pro magnis hominum officiis consuesse tribui[14] docebat; illum, cum neque aditum neque causam postulandi iustam[15] haberet, beneficio ac liberalitate sua ac senatus ea praemia consecutum. Docebat etiam, quam veteres quamque iustae causae necessitudinis[16] ipsis cum Haeduis intercederent, quae senatus consulta[17] quotiens quamque[18] honorifica in eos facta essent, ut omni tempore totius Galliae principatum Haedui tenuissent, prius etiam quam[19] nostram amicitiam adpetissent. Populi Romani hanc esse consuetudinem[20], ut socios atque amicos non modo sui nihil deperdere[21], sed gratia, dignitate, honore auctiores velit esse. Quod vero ad amicitiam populi Romani attulissent[22], id iis eripi quis pati posset[23]? Postulavit deinde eadem, quae legatis in mandatis dederat: ne aut Haeduis aut eorum

Der größte Teil des Textes steht in indirekter Rede!
43 **1 tumulus terrenus satis grandis**: ein ziemlich großer Erdhügel (*grandis* ist umgangssprachlich und geht später statt *magnus* in die roman. Sprachen ein) **2 aequum fere spatium**: in ungefähr gleicher Entfernung **3 ut erat dictum**: wie erwähnt **4 equis devehere**: auf Pferden herbeiführen (➤ K) **5 passibus CC**: 200 Doppelschritte (= ca. 340 m) **6 praeter se denos**: außer sich selbst noch je zehn Mann **7 Ariovistus ... postulavit**: Ordne: *Ariovistus postulavit, ut ex equis* (zu Pferd) *conloquerentur* ... **8 ubi eo ventum est**: Sobald man (sie) dorthin kam(en) ... **9 sua senatusque ... beneficia**: seine (= Caesars) und des Senats Wohltaten **10 in eum**: ihm gegenüber (gemeint ist Ariovist) **11 quod** (mehrmals): dass (so genanntes faktisches *quod* zur Aufzählung von Tatsachen) **12 munus**, -eris n.: Geschenk **13 contingo** 3, contigi: zuteilwerden **14 consuesse tribui**: üblicherweise zugeteilt werden **15 neque aditum neque causam postulandi iustam**: weder die Möglichkeit noch einen berechtigten Grund haben, Forderungen zu stellen **16 necessitudo**, -inis f.: verwandtschaftliche Beziehung (Caesar spielt hier auf die *fratres consanguineosque* des vorigen Abschnitts an) **17 senatus consultum**: Senatsbeschluss **18 quamque** = *et quam* **19 prius etiam quam** = *priusquam etiam* **20 hanc esse consuetudinem**: dies sei die Gewohnheit ... **21 sui nihil deperdere**: keine Einbußen erleiden **22 adferro** 3, attuli, adlatus **ad**: sich beziehen auf **23 id iis eripi quis pati posset**: wer könnte zulassen, dass diese (= *amicitia*) ihnen entrissen werde (Verschränkung)

sociis bellum inferret; obsides redderet; si nullam partem Germanorum domum remittere posset, at ne quos amplius Rhenum transire pateretur[24].

44 Ariovistus ad postulata Caesaris pauca respondit, de suis virtutibus multa praedicavit: transisse[25] Rhenum sese non sua sponte, sed rogatum et accersitum[26] a Gallis; non sine magna spe magnisque praemiis domum propinquosque reliquisse; sedes habere in Gallia ab ipsis concessas[27], obsides ipsorum voluntate[28] datos; stipendium[29] capere iure belli, quod victores victis imponere consuerint. Non sese Gallis, sed Gallos sibi bellum intulisse; omnes Galliae civitates ad se oppugnandum venisse ac contra se castra habuisse[30]; eas omnes copias uno a se proelio pulsas ac superatas esse. Si iterum experiri velint[31], se iterum paratum esse decertare; si pace uti velint, iniquum esse de stipendio recusare, quod sua voluntate ad id tempus pependerint. Amicitiam populi Romani sibi ornamento et praesidio, non detrimento[32] esse oportere, idque se hac spe petisse. Si per populum Romanum stipendium remittatur et dediticii[33] subtrahantur, non minus se libenter recusaturum populi Romani amicitiam quam adpetierit. Quod multitudinem Germanorum in Galliam traducat, id se sui muniendi, non Galliae impugnandae causa facere. Eius rei testimonium esse[34], quod nisi rogatus non venerit[35] et quod bellum non intulerit, sed defenderit. Se prius in Galliam venisse quam populum Romanum; numquam ante hoc tempus exercitum populi Romani Galliae provinciae[36] finibus egressum. Quid sibi vellet[37]? Cur in suas possessiones veniret? Provinciam suam hanc esse Galliam, sicut illam[38] nostram.

24 ne quos amplius Rhenum transire pateretur: er solle nicht noch mehr über den Rhein kommen lassen

44 **25 transisse ...** etc: auch die Antwort Ariovists steht in der indirekten Rede! **26 accersitum**: PPP von arcesso 3: herbeiholen **27 ab ipsis concessas**: von ihnen zur Verfügung gestellt **28 voluntate**: freiwillig (genauso: *sua voluntate* weiter unten) **29 stipendium**, -i n.: Abgaben **30 contra se castra habere**: gegen ihn ins Feld ziehen **31 si iterum experiri velint**: wenn sie wieder ihr Glück versuchen wollten **32 detrimentum**, -i n.: Nachteil **33 dediticius**, -i m.: Unterworfener **34 eius rei testimonium esse**: Beweis dessen sei **35 quod nisi rogatus non venerit**: dass er nur auf ihre Bitten hin gekommen sei **36 Galliae provinciae**: die Provinz *Gallia Narbonensis* (die heutige Provence, Südfrankreich) **37 Quid sibi vellet?**: Was wolle er von ihm? **38 hanc – illam**: gemeint sind die Besitzungen Ariovists bzw. die erwähnte ehemalige römische Provinz *Gallia Narbonensis*

Abb. 6: Schutzumschlag des Romanes „Heerkönig Ariovist“ *von Hans Karl Strobl (Berlin – Leipzig 1927), Ausschnitt.*

Caesars Haupteinwand gegen die Worte Ariovists besteht darin, dass die Herrschaft des römischen Volkes *„iustissimum esse“*, was hier sowohl „gerechtfertigt“ als auch „gerecht“ bedeutet.

2 kommentar

C. Iulius Caesar,
Commentarii de Bello Gallico, I 43–44 (gek.)

43 quam equis devexerat: Caesar hatte seine Legion auf Pferde aufsitzen lassen, um den Reitern Ariovists auf gleicher Ebene begegnen zu können.

Zum Verlauf des Gesprächs (das Gespräch ist nicht in voller Länge, sondern nur gekürzt wiedergegeben): Caesar betont sowohl die Ehrenstellung der Häduer als auch die Ariovists, die beide in Rom innehätten. Mit dieser Argumentation macht er es seinem Gesprächspartner sehr schwer, seine Forderungen abzulehnen. Wie weit die Antwort Ariovists den Tatsachen entspricht oder ob sie von Caesar nachträglich in seinem Sinn verändert wurde, ist heute nicht mehr nachzuvollziehen. Tatsächlich muss aber gesagt werden, dass die Einwände des Germanenfürsten in Caesars Wiedergabe sachlich durchaus begründet erscheinen; es ging Caesar offensichtlich mehr um den Ton, die *arrogantia* (➤ T1, S. 12 ff.), die sich Ariovist anmaßt.

44 omnes Galliae civitates ad se oppugnandum venisse: Ariovist bezieht sich dabei auf die erwähnte, für ihn glücklich verlaufene Schlacht *„ad Magetobrigam“* (➤ T1, S. 12 ff.).

quod bellum non intulerit, sed defenderit: Auch in der Antike galt der Angriffskrieg als verwerflich, der Verteidigungskrieg dagegen als ehrenvoll; Caesar schildert die Vorgänge, die zum Krieg mit Ariovist führten, nur so ausführlich, um seinen Feldzug rechtfertigen zu können: Auch er kämpfe nur *rogatus* (nämlich von den gallischen Fürsten) gegen Ariovist.

3 text

C. Iulius Caesar,
Commentarii de Bello Gallico, I 51–53 (gek.)

Die entscheidende Schlacht

Die militärische Entscheidung gegen Ariovist fiel wohl Mitte September 58 v. Chr. in der oberrheinischen Tiefebene.

51 Postridie eius diei[1] Caesar praesidio utrisque castris, quod satis esse visum est[2], reliquit, alarios[3] omnes in conspectu hostium pro castris minoribus constituit, quod minus multitudine militum legionariorum pro hostium numero valebat, ut ad speciem[4] alariis uteretur; ipse triplici instructa acie[5] usque ad castra hostium accessit. Tum demum necessario Germani suas copias castris eduxerunt generatimque[6] constituerunt paribus intervallis – Harudes, Marcomanos, Tribocos, Vangiones, Nemetes, Sedusios, Suebos –, omnemque aciem suam raedis et carris circumdederunt, ne qua spes in fuga relinqueretur. Eo mulieres imposuerunt, quae

51 1 postridie eius diei: am folgenden Tag **2 praesidio ... quod satis esse visum est**: ausreichenden Schutz **3 alarii**, -orum m. pl.: Flügeltruppen (Truppen am Flügel = Seite, Flanke der Hauptmacht des Heeres) **4 ad speciem**: zum Schein **5 triplici instructa acie** (abl. abs.): nach Aufstellung der dreifachen Schlachtreihe (die *acies triplex* war die Standardformation des römischen Heeres, ➤ K) **6 generatim**: nach Stämmen geordnet

ad proelium proficiscentes passis manibus[7] flentes implorabant, ne se in servitutem Romanis traderent.

52 Caesar singulis legionibus singulos legatos et quaestorem praefecit, uti eos testes suae quisque virtutis haberet; ipse a dextro cornu[8], quod eam partem minime firmam hostium esse animadverterat, proelium commisit. Ita nostri acriter in hostes signo dato impetum fecerunt, itaque hostes repente celeriterque procurrerunt, ut spatium pila in hostes coniciendi[9] non daretur. Relictis pilis comminus[10] gladiis pugnatum est. At Germani celeriter ex consuetudine sua phalange facta[11] impetus gladiorum exceperunt. Reperti sunt complures nostri, qui in phalangem insilirent et scuta manibus revellerent[12] et desuper vulnerarent. Cum hostium acies a sinistro cornu pulsa atque in fugam coniecta esset, a dextro cornu vehementer multitudine suorum nostram aciem premebant. Id cum animadvertisset P. Crassus adulescens, qui equitatui praeerat, quod expeditior[13] erat quam ii, qui inter aciem versabantur, tertiam aciem[14] laborantibus[15] nostris subsidio misit.

53 Ita proelium restitutum[16] est, atque omnes hostes terga verterunt[17] neque prius fugere destiterunt, quam ad flumen Rhenum – milia passuum[18] ex eo loco circiter V – pervenerunt. Ibi perpauci aut viribus confisi[19] tranare contenderunt aut lintribus inventis[20] sibi salutem reppererunt. In his fuit Ariovistus, qui naviculam[21] deligatam ad ripam nactus ea[22] profugit; reliquos omnes equitatu consecuti nostri interfecerunt. Duae fuerunt Ariovisti uxores[23], una Sueba natione, quam domo secum duxerat, altera Norica, regis Voccionis soror, quam in Gallia duxerat a fratre missam: utraque in ea fuga periit[24]; duae filiae: harum altera occisa, altera capta est [...]

7 passis manibus: mit erhobenen Händen

52 **8 a dextro cornu**: am rechten Flügel (die Römer verwendeten statt des dt. Begriffs „Flügel" das Wort für „Horn") **9 spatium pila in hostes coniciendi** (Gerundium-Konstruktion): Platz, um Wurfspeere auf die Feinde zu schleudern **10 comminus**: im Nahkampf **11 phalange facta**: nach Bildung einer Phalanx (➤ K) **12 scuta manibus revellere**: die Schilde mit den Händen aufreißen **13 expeditior**, -is: weniger bedrängt **14 tertiam aciem**: die dritte Schlachtreihe ➤ K) **15 laborantes**, -ium m. pl.: die Bedrängten

Abb. 7: Die „Schildkrötentaktik" der Römer, nachempfunden von der US-amerikanischen „Legion Six – Roman Reenactment Society".

53 **16 proelium restituere**: die Schlacht zu den eigenen (= unseren, der Römer) Gunsten umdrehen **17 terga vertere**: fliehen (eig.: den Rücken wenden) **18 milia passuum**: Meilen (1 Meile = ca. 1,6 km) **19 viribus confisi**: im Vertrauen auf ihre Kräfte **20 lintribus inventis** (abl. abs. od. instrumenti): sie fanden Kähne und ... **21 navicula**, -ae f.: Boot **22 nactus ea** (v. *nanciscor, -i, nactus:* zufällig finden) **profugit**: er benützte es, um zu fliehen **23 duae fuerunt Ariovisti uxores**: es gab zwei Frauen des Ariovist **24 utraque ... periit**: beide kamen ... um

***Abb. 8: Detail der Marc-Aurel-Säule**, Rom. Die Marc-Aurel-Säule wurde nach dem Vorbild der Trajanssäule nach 180 n. Chr. zu Ehren des verstorbenen Kaisers errichtet. Auf einem spiralförmigen Reliefband werden Szenen aus den Markomannen-Kriegen dargestellt. Im 16. Jh. wurde die Säule mit einem Standbild des Apostel Paulus gekrönt. Der Detailausschnitt zeigt den Überfall römischer Truppen auf ein germanisches Dorf: Strohgedeckte Häuser werden in Brand gesteckt oder zerstört, germanische Krieger werden getötet, die Überlebenden werden in die Sklaverei verkauft.*

3 Kommentar

C. Iulius Caesar,
Commentarii de Bello Gallico, I 51–53 (gek.)

Zur römischen und gallo-germanischen Kampfestaktik: Die römischen Legionen – allesamt Fußsoldaten – wurden in der *acies triplex* (➤ K) aufgestellt, einer dreifachen, schachbrettförmigen Anordnung mit je einer Kohorte als kleinster Einheit. An den Flügeln *(cornua)* waren die Hilfstruppen der Verbündeten, meistens Reiter, postiert, um einen Umgehungsangriff abfangen zu können. Zu Beginn des Kampfes, der zunächst mit Wurfgeschossen (Pfeilen, Schleudern, Speeren) aus der Entfernung, dann aber mit Schild und Schwert aus der Nähe *(comminus,* von *manus* – Hand) geführt wurde, nahmen nur die ersten beiden Schlachtreihen teil; falls die römischen Soldaten in Bedrängnis gerieten, würde die dritte Schlachtreihe, die aus kampferprobten Veteranen (= altgedienten Soldaten) bestand, den Bedrängten *(laborantibus)* zu Hilfe geschickt.
Die Gallier oder Germanen kämpften dagegen in jeweils ad hoc zusammengestellten, eher ungeordneten Haufen, die jedoch durch ihre „Phalanx" (durch Schilde völlig gegen Speerwurf und Pfeile geschützte Einheit) sowohl fast unangreifbar als auch eher unbeweglich waren. Caesar erwähnt hier den Kampfesmut mancher römischer Soldaten, die auf die Schilddächer sprangen und die Germanen von oben angriffen. *(„Reperti sunt complures nostri ...")* Die Phalanxtaktik hatte ihre Entsprechung in der berühmten römischen *testudo* („Schildkröte", ➤ Abb. 7, S. 19), die vor allem bei Belagerungen dem Pfeilhagel der Verteidiger standhalten sollte.
51 Harudes, Marcomanos ... Suebos: Für das österreichische Geschichtsverständnis wichtig sind nur die Markomannen, die (zusammen mit den Quaden) durch ihre zweihundert Jahre später (unter Kaiser Marcus Aurelius, der von Carnuntum aus die Gegenmaßnahmen leitete) erfolgten Einfälle in Pannonien Berühmtheit und Gefährlichkeit erlangten, sowie die Sueben, der größte Volks-

stamm Ariovists, deren Heerkönig er war. Die Sueben waren für Caesar so wichtig, dass er ihren für Römer ungewöhnlichen Gebräuchen im 4. Buch der *„Commentarii“* einen eigenen Exkurs widmete (➤ K32, S. 112 f.). (So genannte „Kataloge“ – Aufzählungen – von Volksstämmen, die an einem Krieg teilnahmen, finden sich bereits in Homers *„Ilias“*.)

52 legatos et quaestorem: *legatus* konnte „Gesandter“ oder auch „Unterfeldherr“ heißen, was hier der Fall ist. Ein Quaestor (es gab jährlich 20 Quästoren) war vor allem ein Finanzbeamter, hier jedoch ein weiterer hoher Offizier.

P. Crassus adulescens: Der Sohn des Triumvirn Crassus (im Triumvirat von 60 v. Chr. waren neben Caesar auch Pompeius und M. Licinius Crassus, der reichste Mann Roms, eingebunden).

53 Ariovistus ... profugit: Über das weitere Schicksal Ariovists wissen wir nichts, außer, wie aus dem 5. Buch der *„Commentarii“* hervorgeht, dass er 54 v. Chr. bereits tot sein musste.

altera Norica: Die zweite Frau Ariovists, eine norische Prinzessin, zeigt, dass auch Ariovist danach trachtete, seine Macht nicht nur durch kriegerische Unternehmungen, sondern durch Heiratspolitik zu festigen. (Das Königreich Noricum lag im mittleren Österreich und war vor allem durch sein stahlähnliches Eisen – *ferrum Noricum* – für die Römer von großer Bedeutung – vgl. die Fundstätten auf dem Magdalensberg in Mittelkärnten.)

1–3 Vertiefung

1 Welche mit heutigen außenpolitischen Verhältnissen vergleichbare Position hatte das Rom Caesars gegenüber den Galliern inne?

2 Wodurch wird Ariovist von Caesar als besonders grausam und „barbarisch“ dargestellt?

3 Welche weiteren Überlegungen außer dem Hilferuf der Gallier veranlassen Caesar, gegen Ariovist vorzugehen? Wie wird dies dem römischen Publikum als besonders notwendig dargestellt?

4 Wie versteht es Caesar, Ariovists Worte im „Gipfelgespräch“ als besonders frech und provokant zu zeigen, obwohl sie sachlich gerechtfertigt erscheinen mochten? Wie bezieht sich diese Darstellungsweise auf das 40 Jahre später verfasste „Credo des Imperiums“ (➤ T25, S. 87) Vergils? Welche typisch römische Grundhaltung wird hier angesprochen?

5 Welchen anderen Grund außer dem im Kommentar erwähnten könnte Caesar gehabt haben, die dem römischen Publikum weitgehend unbekannten Volksstämme aufzuzählen? Kennst du den Ausdruck „name dropping“? Würde dieser hier zutreffen?

*Abb. 9: **Gefangener Germane**, Ausschnitt aus dem Relief vom Arcus Novus des Diokletian (303–304 n. Chr.). Die unbeugsame Haltung des germanischen Kriegsgefangenen prägte das Bild dieses Volkes von Caesar bis zum Deutschnationalismus der Neuzeit.*

Teil II
RHETORIK UND INNENPOLITIK
DIE WILLKÜR EINES STATTHALTERS
Aus Ciceros Reden gegen Verres

Der Autor

Abb. 10: Marmorbüste Ciceros, *Kopie nach augusteischem Vorbild (Mitte 1. Jh. n. Chr.); Florenz, Uffizien. Das eindrucksvolle Porträt zeigt überzeugend den willensstarken Charakter des großen Redners und Politikers.*

Cicero war und ist der berühmteste Redner der *latinitas* (des lateinischen Schrifttums). Er wurde 106 v. Chr. in Arpinum (heute Arpino, Mittelitalien), als Sohn eines Ritters geboren. Nach einer hervorragenden Ausbildung in Rom und Griechenland folgten bald die ersten rednerischen Erfolge, noch unter Sullas Diktatur, als er überzeugend gegen einen Günstling des Diktators auftrat.
75 v. Chr. war Cicero Quästor (Finanzverwalter) in Sizilien und wurde nach Ablauf seiner Amtstätigkeit von den Gemeinden der Insel beauftragt, den Prozess *de repetundis* (zur Wiedererstattung erpressten Vermögens) gegen den verbrecherischen Statthalter C. Verres zu führen (➤ T4–6, S. 24 ff.). Ciceros Vorgehen war so erfolgreich, dass er nun als bedeutendster Redner und Anwalt Roms galt.
66 v. Chr. trat er dafür ein, dem bedeutenden Feldherrn Pompeius den Oberbefehl im Krieg gegen Mithridates zu übergeben, was ihm die Gunst des großen Mannes sicherte.
63 v. Chr. wurde Cicero als *homo novus* (Aufsteiger ohne Bindung an die großen römischen *gentes*) Konsul. Es gelang ihm, die Verschwörung des Catilina aufzudecken (➤ T12–16, S. 47 ff.), was er zeitlebens, oft bis zur großen Verstimmung seiner Umgebung, als größten Erfolg feierte.
Nach dem ersten Triumvirat Caesars, Pompeius' und Crassus' (60 v. Chr.) schwand jedoch sein Einfluss. Ja, er musste sogar durch die Feindschaft der Popularen (➤ Einführung, S. 1 f.), die ihm die gesetzwidrige Hinrichtung der Catilinarier vorwarfen, 58 v. Chr. in die Verbannung nach Griechenland gehen.
Ein Jahr später wurde er mit allen Ehren zurückgerufen, hatte aber trotz verschiedener politischer Tätigkeiten (Statthalter in Kilikien, Konsular, Redner und Anwalt) keine tatsächlichen politischen Einflussmöglichkeiten mehr.
Im Bürgerkrieg zwischen Caesar und Pompeius entschied er sich nach langem Schwanken für die Seite seines einstmaligen Gönners Pompeius. Nach dessen Niederlage bei Pharsalos (48 v. Chr.) wurde Cicero zwar von Caesar mit großer Freundlichkeit und Milde zurückberufen, empfand jedoch die folgenden Jahre unter dessen Alleinherrschaft als äußerst bedrückend.
Der Tod seiner geliebten Tochter Tullia (45 v. Chr.) war für Cicero ein schwerer Schicksalsschlag. In der Folge widmete er sich in besonderem Ausmaß seinen philosophischen Schriften.
Nach Caesars Ermordung (15. März 44 v. Chr.) sah er noch einmal die Stunde der Freiheit gekommen, wurde jedoch auf Befehl des Triumvirn Marcus Antonius am 7. Dezember 43 v. Chr. ermordet. Sein Kopf und seine Hände wurden auf dem Forum zur Schau gestellt.

Das Werk: *„In Verrem"*

C. Verres hatte von 73–71 v. Chr. Sizilien als Proprätor regiert und dabei in gewissenloser Überschreitung seiner Amtsbefugnisse die Gemeinden der Insel ausgebeutet. Diese ersuchten nach Ablauf seiner Amtstätigkeit ihren ehemaligen Quästor Cicero, die Anklage gegen den Proprätor im Prozess *de repetundis* (zur Rückerstattung erpressten Vermögens) zu übernehmen.
Cicero hatte bis dahin noch keine Anklage übernommen – das Geschäft des *accusator* galt als anrüchig –, sah aber darin eine einmalige Gelegenheit, nicht nur mit seinen rhetorischen Fähigkeiten zu brillieren, sondern auch die Korruption des Hochadels an einem eklatanten Fall aufzudecken.
Obwohl die Parteigänger und Freunde des Verres mit allen möglichen Verfahrenskniffen versuchten, Cicero Schwierigkeiten zu machen, gelang es diesem, innerhalb von nur 50 Tagen gewaltiges Beweismaterial zu sammeln.
Die *actio prima*, die erste Verhandlung gegen Verres, begann am 5. August 70 v. Chr. und diente vor allem der Vernehmung der zahlreichen Zeugen. Verres hatte deren eindeutigen Aussagen nichts entgegenzusetzen und entzog sich der *actio secunda*, der zweiten Verhandlung, durch Selbstverbannung.
Cicero gab die fünf Bücher (oder Reden) der *actio secunda* nachträglich schriftlich heraus, um einer breiten Öffentlichkeit die gesamte Schwere der Verfehlungen des Verres vor Augen zu führen.
In der vierten Rede der zweiten Verhandlung befasst sich Cicero mit der „Sammelwut" des Verres, der sich auf jede nur mögliche Weise die Kunstschätze der Insel anzueignen verstand. Eines der bedeutendsten und meist verehrten Bildnisse war die Statue der Ceres von Henna.

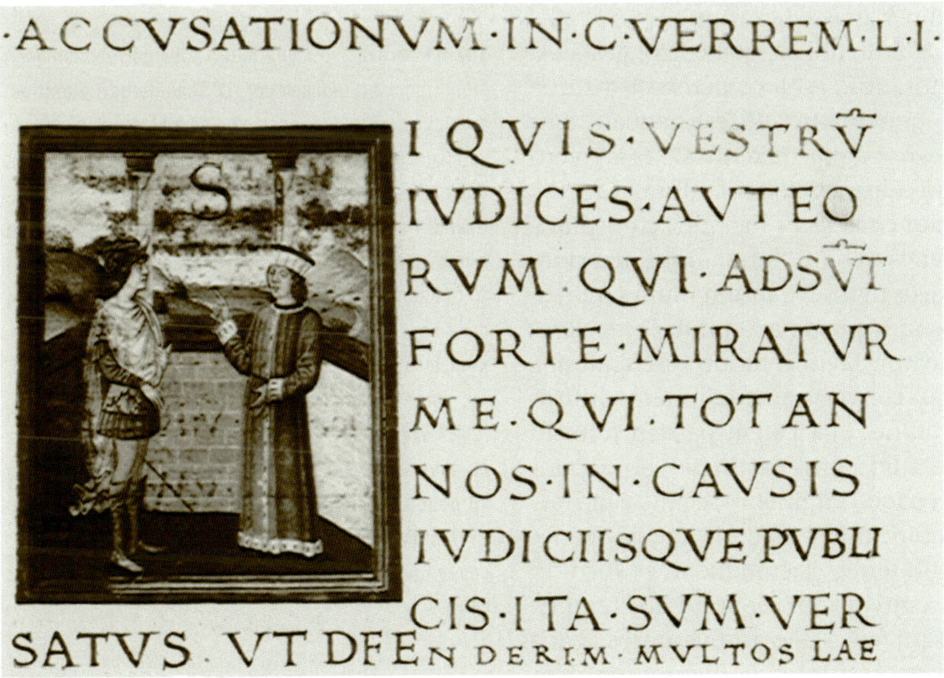

Abb. 11: *Beginn der Reden gegen Verres in einer* ***neapolitanischen Cicero-Handschrift*** *für König Ferdinand I. von Aragonien (1458–1494). Cicero rechts in der Toga (in italienische Zeittracht umgedeutet) spricht auf Verres (links) ein, der seine Worte in militärischem Gewand schweigend vernimmt.*

4 text

M. Tullius Cicero,
In Verr. II 4, 106–108

Der uralte Kult der Ceres

106 Vetus est haec opinio, iudices, quae constat ex[1] antiquissimis Graecorum litteris ac monumentis[2], insulam Siciliam totam esse Cereri et Liberae consecratam[3]. Hoc cum ceterae gentes sic arbitrantur, tum ipsis Siculis ita persuasum est[4], ut in animis eorum insitum atque innatum[5] esse videatur. Nam et natas esse has in his locis deas et fruges in ea terra primum repertas esse arbitrantur et raptam esse Liberam, quam eandem[6] Proserpinam vocant, ex Hennensium nemore; qui locus, quod in media est insula situs, umbilicus[7] Siciliae nominatur. Quam cum investigare et conquirere Ceres vellet[8], dicitur inflammasse taedas[9] iis ignibus, qui ex Aetnae vertice erumpunt; quas sibi cum ipsa praeferret[10], orbem omnem peragrasse terrarum.

106 1 constare ex: sich gründen auf **2 litterae ac monumenta**: schriftliche Denkmäler (Hendiadyoin, ➤ rhet. Stilmittel, S. 122) **3 Cereri et Liberae consecratam**: der C. u. L. geweiht **4 mihi persuasum est**: ich bin überzeugt **5 insitum atque innatum**: eingefleischt und angeboren **6 eandem** (v. *idem*): auch **7 umbilicus**, -i m.: Nabel **8 quam cum investigare ... vellet**: als sie (= Ceres) diese (= Proserpina) ausforschen wollte **9 taeda**, -ae f.: Fackel **10 praefero**, -ferre, -tuli, -latus: vor sich her tragen (nämlich die Fackeln!)

107 Henna autem, ubi ea, quae dico, gesta esse memorantur, est loco perexcelso atque edito[11], quo in summo est aequata agri planities[12] et aquae perennes[13], tota[14] vero ab omni aditu circumcisa atque directa[15] est; quam circa lacus lucique[16] sunt plurimi atque laetissimi flores[17] omni tempore anni, locus ut ipse[18] raptum illum virginis, quem iam a pueris accepimus[19], declarare[20] videatur. Etenim prope[21] est spelunca quaedam conversa ad aquilonem[22] infinita altitudine, qua Ditem patrem ferunt[23] repente cum curru exstitisse[24] abreptamque ex eo loco virginem[25] secum asportasse et subito non longe a Syracusis penetrasse sub terras[26] lacumque in eo loco repente exstitisse, ubi usque ad hoc tempus Syracusani festos dies anniversarios agunt celeberrimo virorum mulierumque conventu[27].

107 11 perexcelso atque edito: außergewöhnlich hoch emporragend (Pleonasmus) **12 aequata agri planities**: eine ebene Fläche Landes **13 perennis**, -e: ewig, nie versiegend **14 tota**: bez. auf Henna **15 directus** 3: senkrecht abfallend **16 lucus**, -i m.: Hain, Wäldchen **17 laetissimi flores**: die buntesten Blumen **18 locus ut ipse**: ordne: *ut locus ipse* **19 a pueris accipere**: von Kindheit an (davon) hören **20 declaro** 1: bestätigen **21 prope**: in der Nähe **22 spelunca quaedam conversa ad aquilonem**: eine nordwärts gerichtete Höhle **23 qua ... ferunt**: rel. Verschränkung mit AcI; im Dt.: wo man sagt, dass ... **24 exsisto** 3, exstiti: erscheinen **25 abreptamque ex eo loco virginem**: das von dort entführte Mädchen **26 penetrare sub terras**: unter der Erde verschwinden **27 festos dies anniversarios agere celeberrimo ... conventu**: jährliche Festtage feiern unter großem Zulauf von ...

Propter huius opinionis vetustatem, quod horum[28] in his locis vestigia ac prope incunabula[29] reperiuntur deorum, mira quaedam tota Sicilia privatim ac publice religio est Cereris Hennensis. Etenim multa saepe prodigia[30] vim eius numenque[31] declarant[32]; multis saepe in difficillimis rebus[33] praesens auxilium[34] eius oblatum est, ut haec insula ab ea non solum diligi, sed etiam incoli custodirique videatur.

108 Nec solum Siculi[35], verum etiam ceterae gentes nationesque Hennensem Cererem maxime colunt. Etenim si Atheniensium sacra[36] summa cupiditate[37] expetuntur[38], ad quos Ceres in illo errore[39] venisse dicitur frugesque attulisse, quantam esse religionem convenit[40] eorum, apud quos eam natam esse et fruges invenisse constat[41]? Itaque apud patres nostros atroci ac difficili rei publicae tempore, cum Tiberio Graccho occiso magnorum periculorum metus ex ostentis portenderetur[42], P. Mucio L. Calpurnio consulibus[43] aditum est ad[44] libros Sibyllinos; ex quibus inventum est Cererem antiquissimam placari[45] oportere. Tum ex amplissimo collegio decemvirali[46] sacerdotes populi Romani, cum esset[47] in urbe nostra Cereris pulcherrimum et magnificentissimum templum, tamen usque[48] Hennam profecti sunt. Tanta enim erat auctoritas et vetustas[49] illius religionis, ut, cum illuc[50] irent, non ad aedem[51] Cereris, sed ad ipsam Cererem proficisci viderentur.

28 horum: bez. auf *vestigia* und *incunabula* **29 incunabula**, -orum n.: Windeln, h. Geburtsort **30 prodigium**, -i n.: Wunderzeichen **31 vis ... numenque**: göttliche Macht **32 declaro** 1: ➤ 20 **33 in difficillimis rebus**: in schwierigster Lage **34 praesens auxilium**: sofortige Hilfe

108 35 Siculi, -orum m.: die Sikuler (Bewohner Siziliens) **36 Atheniensium sacra**: die athenischen Festtage (➤ K) **37 cupiditas**, -atis f.: h. Interesse **38 expeto** 3, -petivi, -petitus: aufsuchen **39 error**, -is m.: Irrfahrt (nämlich als sie ihre Tochter suchte) **40 convenit**: es gehört sich, es muss (vgl. Konvention) **41 apud quos ... constat**: rel. Verschränkung mit AcI; im Dt. bei denen, wie man weiß ... (inf. als Hauptverb auflösen!) **42 metus ex ostentis portenderetur:** ... Furcht aus den Vorzeichen entstand **43 P. Mucio L. Calpurnio consulibus**: im Konsulatsjahr des P. M. u. L. C. (➤ K) **44 aditum est ad**: man befragte **45 placare** 1: versöhnen **46 amplissimum collegium decemvirale**: das hochangesehene Zehn-Männer-Kolleg (➤ K unter *ad libros Sibyllinos*) **47 cum esset**: obwohl ... existierte *(cum concessivum)* **48 usque** + Ortsakk.: bis nach (betont die weite Strecke) **49 auctoritas et vetustas**: die uralte Ehrfurcht (Hendiadyoin, ➤ rhet. Stilmittel, S. 122) **50 illuc**: dorthin **51 aedes**, -is f.: Tempel

***Abb. 12: Demeter von Knidos**, ein Werk des Bildhauers Bryaxis, entstanden in Kleinasien, Marmor (4. Jh. v. Chr.). London, British Museum. Die wuchtige Gestaltung betont die Funktion Demeters als große Muttergottheit. (Die von Verres geraubte Statue ist nicht erhalten.)*

106 Cereri et Liberae: Ceres, griech. Demeter (= vielleicht „Erdmutter"), ist eine der am meisten verehrten antiken Gottheiten überhaupt. Sie ist die Göttin der Fruchtbarkeit und des Wachstums. Der Mythos erzählt, dass ihre Tochter Proserpina (Libera, griech. Persephone, Kore) beim Spiel vom Gott der Unterwelt überrascht und entführt wird. Ceres irrt auf der Suche nach ihrer Tochter ziellos umher, bis sie vom Sonnengott über den Raub unterrichtet wird. Ceres lässt nun keine Saaten mehr wachsen, bis Merkur Proserpina aus der Unterwelt zurückholt. Durch Vermittlung Jupiters kommt ein Vertrag zustande, nach dem Proserpina ein Drittel des Jahres in der Unterwelt, die übrige Zeit im Olymp zubringen soll. Dieser Mythos erklärt den Kreislauf der Jahreszeiten: Im Winter wächst keine Frucht, da Proserpina in der Unterwelt weilt.
Aetna: Der Vulkan liegt an der Ostküste Siziliens und ist 3 279 m hoch. In der Antike gab es eine Reihe schwerer Ausbrüche, vor allem im 2. und 1. Jh v. Chr. Der Mythos verlegte in den Ätna die Werkstätte des Hephaistos (Vulcanus) und der Kyklopen.
Henna (griech. Enna) liegt auf einem steilen, fast 1 000 m hohen Berg im Zentrum Siziliens. Es war im 1. Punischen Krieg umkämpft; bei dem Versuch, 214 v. Chr. zu den Karthagern abzufallen, fand ein blutiges Massaker unter der Zivilbevölkerung statt. Im großen sizilischen Sklavenkrieg (136–132 v. Chr.) war Henna das Hauptquartier des Sklavenführers Eunus. Seitdem war Henna politisch unbedeutend, abgesehen davon, dass es das Zentrum des Demeterkultes war. Der 5 km von Henna entfernt liegende Pergus-See galt als Ort des Raubes der Persephone.
107 Ditem patrem: *Dis pater,* auch Orcus, griechisch Hades oder Pluton, ist der Herrscher der Unterwelt und Gott des Reichtums. Bei der Aufteilung der Welt unter die drei Söhne des Kronos (Zeus, Poseidon, Hades) erhält er die Unterwelt und regiert an der Seite seiner Gemahlin Persephone über die Seelen der Toten. Im Gegensatz zu seinen Brüdern und seiner Gemahlin tritt Hades im Epos nie handelnd auf. Er ist wohl in vorhomerischer Zeit als Gegenstück zu Zeus entstanden.
prodigia: Das *prodigium,* oft synonym gebraucht mit *ostentum,* ist ein Vorzeichen für gute oder schlechte Ereignisse. Dem liegt zu Grunde, dass man alle bemerkenswerten Phänomene in der Natur oder im täglichen Leben als Willensäußerungen göttlicher Mächte ansah. Man unterschied nach natürlichen und erbetenen Vorzeichen, nach privaten oder Staatsprodigien, und nach Zeichen am Himmel und auf der Erde. Die göttliche Macht, die sich in ihnen offenbart, heißt *numen.*
108 Atheniensium sacra: Cicero spricht hier die Eleusinischen Mysterien an, den bedeutendsten Kult zu Ehren der Demeter und Persephone. Jeweils im September, an einem neuntägigen Fest, zog eine feierliche Prozession von Athen nach Eleusis, um die Wiederkehr Persephones und die Vereinigung der beiden Göttinnen zu feiern. Nur die Mysten, die Eingeweihten, durften an dem Fest teilnehmen, und es war ihnen strenge Schweigepflicht auferlegt. Sie hofften auf Läuterung ihrer Sünden und ein glückliches Leben nach dem Tode.
Tiberio Graccho occiso: Tiberius Gracchus war 133 v. Chr. Volkstribun und versuchte, eine Bodenreform zugunsten der Kleinbauern durchzusetzen. Obwohl nach beträchtlichen Schwierigkeiten die *lex agraria* angenommen wurde, wuchs der Zorn unter der Senatsopposition derart, dass Tiberius mitsamt einigen hundert seiner Anhänger auf dem Kapitol erschlagen wurde. 133 v. Chr. war das Konsulatsjahr des P. Mucius Scaevola und des L. Calpurnius Piso.
ad libros Sibyllinos: Die sibyllinischen Bücher, der Sibylle von Cumae zugeschrieben, waren Vorschriften bezüglich bestimmter Rituale, die in Notzeiten durchzuführen waren. Sie lagen im Keller des kapitolinischen Tempels und konnten nur auf Senatsbeschluss eingesehen werden. Die Auf-

sicht über die sibyllinischen Bücher führte zur Zeit Ciceros das Priesterkollegium der *XV viri sacris faciundis*. Zu der Zeit, von welcher Cicero hier berichtet, waren es noch die *X viri sacris faciundis*, deren Anzahl vermutlich unter Sulla auf 15 Mitglieder vergrößert wurde (vgl. auch ➤ K26, S. 96).
Cereris ... templum: Der Tempel wurde zwischen Circus Maximus und Aventin erbaut und 493 v. Chr. geweiht. Er war für die Getreideversorgung (Markt!) und damit für die Plebs sehr wichtig, sein Vorsteher wurde städtischer Beamter (Ädil).

4 Vertiefung

1 **a** Fasse die Informationen über den Mythos der Ceres zusammen!

b Was können Ciceros Gründe für die ausführliche Behandlung des Mythos gewesen sein?

c Was wird über die religiöse Verehrung der Ceres gesagt?

2 Wie beschreibt Cicero Henna? Wie verknüpft er die realistische Beschreibung mit dem Mythos?

3 **a** Wie schildert der Autor die Zeit der Ermordung des Ti. Gracchus?

b Aus welchem Grund erinnert Cicero an diese Phase der römischen Geschichte? Wie ist sie mit dem Cereskult verknüpft?

5 text

M. Tullius Cicero,
In Verr. II 4, 109–110,1

Der Vorgang des Raubes

109 Non obtundam[1] diutius aures vestras[2]; etenim iamdudum vereor, ne oratio mea aliena[3] ab iudiciorum ratione[4] et a cotidiana dicendi consuetudine esse videatur. Hoc dico[5] hanc ipsam Cererem antiquissimam, religiosissimam, principem[6] omnium sacrorum, quae apud omnes gentes nationesque fiunt, a C. Verre ex suis templis ac sedibus esse sublatam[7]. Qui accessistis[8] Hennam, vidistis simulacrum Cereris e marmore et in altero templo Liberae. Sunt ea perampla atque praeclara, sed non ita antiqua. Ex aere fuit quoddam modica amplitudine ac singulari opere[9], cum facibus, perantiquum, omnium illorum, quae sunt in eo fano, multo antiquissimum; id sustulit.

110,1 Ac tamen eo contentus non fuit. Ante aedem Cereris in aperto ac propatulo loco[10]

109 **1 obtundo** 3, -tudi, -tu(n)sus: belästigen **2 aures vestras**: eure Ohren (gemeint sind die Richter) **3 alienus 3 ab** + abl.: unvereinbar mit **4 iudiciorum ratio**: Gerichtsgebrauch **5 hoc dico**: das sage ich nur **6 princeps**, -ipis: der/die/das Vornehmste **7 tollo** 3, sustuli, sublatus: entfernen **8 qui accessistis**: wenn ihr ... kommt **9 opus**, -eris n.: künstlerische Vollendung

110,1 **10 in aperto ac propatulo loco**: in einem geräumigen Vorhof

signa duo sunt, Cereris unum, alterum Triptolemi, pulcherrima ac perampla. Pulchritudo periculo, amplitudo saluti fuit, quod eorum demolitio[11] atque asportatio[12] perdifficilis videbatur. Insistebat in manu Cereris dextra grande simulacrum pulcherrime factum Victoriae; hoc iste e signo Cereris avellendum asportandumque curavit[13].

11 demolitio, -onis f.: Demontage **12 asportatio**, -onis f.: Abtransport **13 avellendum asportandumque curavit**: er ließ ... herunternehmen und abtransportieren (*curare* + Gerundiv: lassen)

5 Kommentar

M. Tullius Cicero,
In Verr. II 4, 109–110,1

110,1 Triptolemi: Auf der Suche nach ihrer Tochter kommt Demeter (Ceres) auch zum König Keleos von Eleusis. Sie befiehlt ihm, einen Tempel zu bauen, und beauftragt dessen Sohn Triptolemos (= „Dreimalpflüger",) den Anbau des Weizens und ihren Kult auf der ganzen Welt zu lehren. **Victoriae**: Victoria (griech. Nike) war die Personifikation des Sieges. Sie wurde oft geflügelt dargestellt und häufig in Verbindung mit bestimmten Gottheiten (Jupiter, Minerva) gebracht. In Rom wurde die Victoria vor allem von siegreichen Feldherrn (z. B. Sulla) und später von den Kaisern beansprucht. Sie wurde so zum Symbol des römischen Imperiums.

5 Vertiefung

1 Wie leitet Cicero nach dem Exkurs über die Geschichte und Mythologie der Ceresstatue wieder zu seinem eigentlichen Thema über?

2 Aus welchen Worten spricht die römische Verherrlichung alter (= klassischer und vorklassischer) griechischer Kunst?

3 Warum erwähnt Cicero den Raub der Victoria-Statue zum Schluss?

6 Text

M. Tullius Cicero,
In Verr. II 4, 110,2–112

Der unerhörte Frevel des Raubes

110,2 Qui tandem istius animus est[1] nunc in recordatione[2] scelerum suorum, cum ego ipse in commemoratione[3] eorum non solum animo commovear, verum etiam corpore perhorrescam[4]? Venit[5] enim mihi fani[6], loci, religionis illius in mentem; versantur ante oculos omnia[7]: dies ille, quo, cum ego Hennam venissem, praesto[8]

110,2 1 qui tandem istius animus est: Wie muss erst dem Angeklagten zumute sein? **2 recordatio**, -onis f.: Erinnerung (+ gen.: an) **3 commemoratio**, -onis f.: Erwähnung (Die Gegenüberstellung *recordatio – commemoratio* ist eine bewusste Antithese: Das eine ruft das andere hervor!) **4 perhorresco** 3, -horrui: erschaudern **5 venit mihi in mentem** + gen.: ich erinnere mich an **6 fanum**, -i n. = *templum* **7 versantur ante oculos omnia**: alles steht mir vor Augen **8 praesto** (indekl.) **esse**: anwesend sein

mihi sacerdotes Cereris cum infulis ac verbenis[9] fuerunt, contio conventusque[10] civium, in quo, ego cum loquerer, tanti gemitus fletusque[11] fiebant, ut acerbissimus tota urbe luctus versari[12] videretur.

111 Non illi decumarum imperia[13], non bonorum direptiones, non iniqua iudicia, non importunas istius libidines[14], non vim, non contumelias[15], quibus vexati oppressique erant, conquerebantur[16]; Cereris numen, sacrorum vetustatem, fani religionem istius sceleratissimi atque audacissimi supplicio expiari[17] volebant; omnia se cetera pati ac neglegere dicebant. Hic dolor erat tantus, ut Verres alter Orcus[18] venisse Hennam et non Proserpinam asportasse, sed ipsam abripuisse Cererem videretur. Etenim urbs illa non urbs videtur, sed fanum Cereris esse; habitare apud sese Cererem Hennenses arbitrantur, ut mihi non cives illius civitatis, sed omnes sacerdotes, omnes accolae atque antistites[19] Cereris esse videantur.

112 Henna[20] tu simulacrum Cereris tollere audebas, Henna tu de manu Cereris Victoriam eripere et deam deae detrahere[21] conatus es? Quorum[22] nihil violare[23], nihil attingere[24] ausi sunt[25], in quibus erant omnia, quae sceleri propiora sunt quam religioni. Tenuerunt[26] enim P. Popilio P. Rupilio consulibus[27] illum locum servi, fugitivi[28], barbari, hostes; sed neque tam servi illi dominorum quam tu libidinum, neque tam fugitivi illi ab dominis quam tu ab iure et ab legibus, neque tam barbari lingua et natione illi quam tu natura et moribus, neque tam illi hostes hominibus quam tu dis immortalibus. Quae deprecatio[29] est igitur ei reliqua, qui indignitate[30] servos, temeritate[31] fugitivos, scelere barbaros, crudelitate hostes vicerit?

9 cum infulis ac verbenis: in priesterlichem Schmuck (➤ K) **10 contio conventusque**: ➤ K **11 gemitus fletusque**: Jammern und Weinen **12 acerbissimus luctus versatur**: die tiefste Trauer herrscht

111 **13 decumarum imperia**: die auferlegten Steuern (➤ K) **14 importunas istius libidines**: die brutalen Begierden des Angeklagten **15 contumeliae**, -arum f.: Misshandlungen **16 conqueror**, -i, -questus sum: beklagen **17 expio** 1: sühnen, rächen **18 alter Orcus**: als ein zweiter Hades (präd.; ➤ K) **19 accola**, -ae m.: Anrainer; **antistes**, -itis m.: Priester (➤ K)

112 **20 Henna** (abl. sep.): aus Henna **21 detraho** 3, -traxi, -tractus: wegnehmen **22 quorum**: von denen (gen. part.) **23 violo** 1: verletzen (mit der Nebenbedeutung: vergewaltigen) **24 attingo** 3, -tigi, -tactus: berühren **25 ausi sunt**: erg. *ii* **26 teneo** 2: in Besitz haben **27 P. Popilio P. Rupilio consulibus**: im Konsulatsjahr des P.P. u. P.R. (➤ K) **28 fugitivus**, -i m.: Flüchtling (wohl: entlaufene Sklaven) **29 deprecatio**, -onis f.: Entschuldigung **30 indignitate** u. die übr. abl: an … (abl. lim.); indignitas, -atis f.: Würdelosigkeit, Wertlosigkeit **31 temeritas**, -atis f.: Rücksichtslosigkeit

6 Kommentar

M. Tullius Cicero,
In Verr. II 4, 110,2–112

110,2 infulis ac verbenis: Die *infula,* eine weiße Binde mit roten Streifen, die man so am Kopf befestigte, dass ihre Zipfel links und rechts herunterhingen, war der Schmuck von Priestern und Schutzflehenden. *Verbenae* waren alle frischen Zweige, vor allem Myrte, Lorbeer und Ölbaum, die religiöse, Unheil abwehrende Bedeutung hatten und aus denen man Kränze und Girlanden flocht.
contio conventusque: Die *contio* war eigentlich eine von einem Beamten einberufene Versammlung der Bürger, in der er wichtige Mitteilungen machte oder Gesetzesvorlagen und Ähnliches diskutiert wurden. Die hier erwähnte *contio* scheint nicht von Cicero direkt einberufen worden zu sein, sondern ist durch den Zusatz *conventus* als eine spontane Versammlung der Bürger, die dem Vertreter der römischen Autorität ihr Leid klagen wollten, gekennzeichnet. In *conventus* schwingt auch mit, dass es sich um eine Zusammenkunft nichtrömischer Bürger handelt, die, so wie die Gerichts-*conventus,* vor einem römischen Statthalter vor sich ging.
111 decumarum imperia: Über die Missgriffe bei der Einhebung der Naturalabgaben berichtete Cicero ausführlich in der vorhergehenden dritten Rede der *actio secunda.* Den anderen hier erwähnten Vergehen war die zweite Rede gewidmet. Es liegt also eine deutliche Steigerung in der Intensität der Vorwürfe vor, die Cicero sehr geschickt durch die Anordnung der Rede steuert.
alter Orcus: *Orcus* war ein anderer Name für den Unterweltsgott. Mit dieser Bezeichnung wird auf die gleichsam höllische Rolle des Verres beim Raub der Ceresstatue hingewiesen.
antistites: Ein *antistes* ist ein Priester oder Oberpriester eines Tempels mit regelmäßigem Gottesdienst und eigener Priesterschaft. Das war nur bei auswärtigen Religionen der Fall, da der römische Kult dergleichen üblicherweise nicht kannte. Cicero verwendet diesen Begriff hier, um auf die hohe Verehrung der Ceres unter der Bevölkerung hinzuweisen.
112 P. Popilio P. Rupilio consulibus: Im Jahre 132 v. Chr. war Henna das Hauptquartier des Sklavenführers Eunus.

6 Vertiefung

1 Verfasse eine kurze dramatische Szene, in welcher Cicero von den Vertretern der Bürgerschaft Hennas um die Rückgabe des Ceresstandbildes angefleht wird! Halte dich dabei an Ciceros eigene Angaben im Text!

2 Wie sind die Abschnitte 111 und 112 kontrastiert? Untersuche diese Kontrastierung nach Inhalt und Sprache!

3 Untersuche die Klimax (➤ rhet. Stilmittel, S. 122), beginnend mit *tenuerunt* bis *immortalibus*, nach Bauweise und Wirkung auf den Leser:

a Welche Begriffe werden gesteigert?

b Wie werden die Vergleiche einbezogen?

c Welche Reizwörter verwendet Cicero?

DIE VERSCHWÖRUNG DES CATILINA – DIE SYMPTOMATISCHE KRISE

Aus Sallusts *„Coniuratio Catilinae"*

Abb. 13: Fantasieporträt des Sallust, *Medaillon (5. Jh. n. Chr.); Mailand, Scala.*

Der Autor

C. Sallustius Crispus wurde 86 v. Chr. in Amiternum nordöstlich von Rom geboren. Ähnlich wie Cicero war auch er ein *homo novus*, also ein Aufsteiger ohne Beziehung zu den stadtrömischen Geschlechtern. Eine hervorragende Ausbildung ermöglichte ihm die Teilnahme an der römischen Politik, wobei er von Anfang an ein Parteigänger der Popularen (➤ Einführung, S. 1 f.) wurde, welche entschieden gegen die Korruption der Optimaten auftraten.
54 v. Chr. wurde er Quästor, zwei Jahre später Volkstribun. Sein Auftreten gegen den Optimaten Milo, der den popularen Bandenchef Clodius in einer Straßenschlacht erschlagen hatte, zog ihm die Feindschaft der Senatspartei zu, die ihn unter dem Vorwand einer Ehebruchsaffäre aus dem Senat ausschloss.
Durch das Einschreiten Caesars wurde er erneut Quästor, dann Prätor und schließlich, 46 v. Chr., Statthalter der Provinz *Africa nova*. Er nützte diese Stellung – wie viele seiner Amtskollegen – zur persönlichen Bereicherung. Eine Anklage wegen Amtsmissbrauchs *(de repetundis*, vgl. Ciceros Auftreten gegen Verres, ➤ T4–6, S. 22 ff.) wurde auf Intervention Caesars fallen gelassen. Nach Caesars Ermordung (15. März 44 v. Chr.) widmete sich Sallust bis zu seinem Tod im Jahre 35 v. Chr nur mehr der Schriftstellerei auf seinem herrlichen Besitz, den *horti Sallustiani* im Norden Roms.

Werke

Seine beiden Hauptwerke sind die *„Coniuratio Catilinae"* und das *„Bellum Iugurthinum"*. In beiden Monografien (Darstellungen einzelner historischer Ereignisse) kritisiert er die moralische und politische Entartung der römischen Republik heftig. Dabei fiel schon seinen Zeitgenossen der große Widerspruch zwischen seinem eigenen Lebenswandel und seinem sittlichen Anspruch auf, was jedoch seinem großen Einfluss auf die folgende römische Geschichtsschreibung keinen Abbruch tat.
Sallust hatte unmittelbar nach dem gewaltsamen Tod Caesars und Ciceros (44 bzw. 43 v. Chr.) die Gelegenheit ergriffen, die Catilinische Verschwörung (66–62 v. Chr.) als die für den Niedergang der Republik symptomatische Krise darzustellen.

Wer war Catilina?

L. Sergius Catilina, etwa 108 v. Chr. geboren, war ein verarmter Hochadeliger aus altem patrizischem Geschlecht. Nachdem er mehrmals bei den Konsulatswahlen durchgefallen war, reifte in ihm die Vorstellung, mittels einer Verschwörung gleichgesinnter Landsleute an die Macht zu kommen. Obwohl er diesen Gedanken möglicherweise schon 66 v. Chr. gefasst hatte, wurden die Pläne für den Staatsstreich erst im Jahre 63 v. Chr., Ciceros Konsulatsjahr, wirklich aktuell. Catilina war sicher kein Sozialrevolutionär im Sinne der französischen oder russischen Revolution. Wie viele seiner Anhänger, unter denen sich auch zahlreiche Sklaven befanden, wollte er einen Schuldenerlass *(tabulae novae)* und überhaupt Anteil am Reichtum der Mächtigen. Als seine Pläne, auf legalem Wege an sein Ziel zu kommen, scheiterten, wollte er den gewaltsamen Umsturz einschließlich der Ermordung vieler Senatoren und Brandstiftung in der Stadt Rom selbst. Die Umsicht Ciceros, der durch die Geliebte eines Mitverschwörers Catilinas sehr gut informiert war, vereitelte jedoch dessen Vorhaben. Die wichtigsten Anhänger Catilinas, die sich durch ein Hilfsansuchen an den gallischen Volksstamm der Allobroger verraten hatten, wurden von Cicero verhaftet und ohne Berufung an die Volksversammlung – was letztlich zu Ciceros Verbannung führte! – hingerichtet.

Catilina selbst war schon vorher aus Rom geflohen und zu seiner Armee, die sein Unterfeldherr Manlius in Etrurien ausgehoben hatte, gestoßen. Er fiel schließlich, heldenmütig kämpfend, gegen ein Heer unter Führung von Ciceros Mitkonsul Antonius (dem Onkel des späteren Triumvirn Marcus Antonius) in der Schlacht von Pistoria (62 v. Chr.).

Cicero und Sallust

Der Konsul Cicero hatte im Herbst des Jahres 63 v. Chr. in den vier berühmten Reden *„In Catilinam"* (vgl. ➤T12–16, S. 47 ff.) diesen des Terrorismus angeklagt und dessen Flucht aus Rom und damit die endgültige Aufdeckung der Verschwörung bewirkt. In der Folgezeit war Cicero, der für seine Leistung als erster den Ehrentitel der Republik, *„Pater Patriae"*, erhalten hatte, nicht müde, seine Aufdeckung der catilinarischen Verschwörung immer wieder als Rettung des Vaterlandes zu feiern. Nach seiner Hinrichtung durch die Schergen des Marcus Antonius (43 v. Chr.) wurde posthum sein Versepos *„De consulatu suo"* herausgegeben, in dem er seine eigene Leistung verherrlichte und Caesar heftig angriff. Das mochte der Anlass für Sallusts Monografie gewesen sein, obwohl festzustellen ist, dass Sallust Ciceros Rolle durchaus objektiv schildert. (Sallust war Popular, Cicero zur Zeit Catilinas bereits Anhänger der Senatspartei.)

Sallust benützt nun die Erzählung vom *„Bellum Catilinae"*, wie sein Werk auch genannt wird, zu einer ausführlichen Analyse der Krise des römischen Staates. Diese habe sich seit der Zerstörung Karthagos (146 v. Chr.) entwickelt und in Catilina ihr typisches Symptom gefunden. Die Ursachen für die Krise sieht Sallust im moralischen Niedergang der Senatsaristokratie (also der Optimaten), für die nur noch Geld zählte und deren Materialismus zu den tiefen Gräben der Gesellschaft führte. Diese Zustände boten kriminellen Existenzen wie Catilina einen hervorragenden Nährboden für ihre Putschversuche.

Die Sprache Sallusts

Sallust verwendet nicht nur häufig den Nominalstil (viele Nomina, kaum Verben), sondern noch auffälliger so genannte Archaismen, das sind altertümliche Wortformen, die zu seiner Zeit nicht mehr üblich waren, z. B. *lubido* statt *libido*, *pessuma* statt *pessima*, *divorsa* statt *diversa* u. ä. Er will damit an die Sprache der alten, ihm besser erscheinenden römischen Republik erinnern. (In diesem Kapitel wird auf die Archaismen noch gesondert hingewiesen, später nicht mehr.)

7 **t**ext

C. Sallustius Crispus,
Coniur. Cat., c. 5,1–5,8

Der Mensch Catilina

Nach einer längeren Abhandlung über die Rolle des Historikers an sich und seinen Entschluss, sich der Geschichtsschreibung zu widmen, beginnt Sallust sein Werk mit einer für ihn typischen Charakteristik der Hauptperson. Darin wird Catilina in moralistisch-wertender Weise als ein krimineller Gewalttäter dargestellt, der aber für seine Umwelt offensichtlich faszinierend und charismatisch war.

L. Catilina, nobili genere natus[1], fuit[2] magna vi et animi et corporis, sed ingenio malo pravoque. Huic ab adulescentia bella intestina, caedes, rapinae, discordia civilis grata fuere[3], ibique iuventutem suam exercuit. Corpus[4] patiens inediae, algoris, vigiliae, supra quam quoiquam[5] credibile est. Animus audax, subdolus, varius[6], quoius rei lubet[7] simulator ac dissimulator, alieni adpetens, sui profusus, ardens in cupiditatibus; satis eloquentiae, sapientiae parum. Vastus animus[8] inmoderata[9], incredibilia, nimis alta semper cupiebat. Hunc post dominationem L. Sullae lubido[10] maxuma invaserat rei publicae capiundae[11]; neque, id quibus modis adsequeretur[12], dum sibi regnum pararet, quicquam pensi habebat[13]. Agitabatur magis magisque in dies animus ferox inopia[14] rei familiaris et conscientia scelerum, quae utraque iis artibus[15] auxerat, quas supra memoravi. Incitabant praeterea conrupti civitatis mores, quos pessuma ac divorsa inter se mala[16], luxuria atque avaritia, vexabant.

1 nobili genere natus: aus hochadeligem Geschlecht stammend **2 fuit** + abl. qual.: hatte

3 huic … grata fuere (= *fuerunt*): ihm waren lieb, er liebte **4 corpus**: erg. *erat* **5 supra quam quoiquam** (= *cuiquam*; Arch.) **credibile est**: mehr, als jemand glauben kann **6 varius**: verschieden; h. wankelmütig **7 quoius rei lubet** = *cuiuslibet rei* (Arch.): in jeder beliebigen Sache

8 vastus animus: sein grenzenloser Wille (auch andere Übers. sind möglich!) **9 immoderata …** u. die anderen Begriffe: n. pl., l. Dt. sg.! **10 lubido** = *libido* (Arch.)

11 rei publicae capiundae (= *capiendae*, Arch.): die Macht im Staat an sich zu reißen **12 id quibus modis adsequeretur**: wie er das anstellen sollte **13 neque … quicquam pensi habebat**: er verschwendete keinen Gedanken daran **14 inopia … conscientia**: Ablativ!
15 ars, artis f.: h. Eigenschaft **16 pessuma ac divorsa inter se mala** (= *pessima ac diversa*, Arch.): die bösesten und einander entgegengesetztesten Übel

7 **k**ommentar

C. Sallustius Crispus,
Coniur. Cat., c. 5,1–5,8

1 nobili genere natus: Die *gens* der Sergier war zwar patrizischen Ursprungs, aber vor Catilina politisch nicht hervorgetreten.

3 f. bella intestina: spielt auf den Bürgerkrieg Marius / Cinna gegen Sulla an, den Sulla gewann. Viele Anhänger Sullas bereicherten sich durch die von ihm erfundenen Proskriptionen (Ächtungen).

6 Corpus patiens inediae …: Catilinas körperliche Leistungsfähigkeit wurde allgemein gerühmt; sogar Cicero erwähnt in seiner 1. Rede gegen Catilina *„illi … qui feruntur labores tui"* („deine berühmten Strapazen"). Catilina beansprucht damit die Tugenden eines großen Feldherrn für sich.

11 satis eloquentiae, sapientiae parum: Ein berühmter Ausspruch, der Catilinas Charisma treffend charakterisiert: Er habe wunderbare Reden halten können, aber die Umsicht habe ihm gefehlt. (Die Wortstellung ist ein so genannter Chiasmus, ➤ rhet. Stilmittel, S. 122.)
13 f. post dominationem L. Sullae: Die Diktatur Sullas dauerte von 82–79 n. Chr. Nachdem er die Optimaten wieder an die Macht gebracht hatte, zog er sich zurück. Viele ehemalige Anhänger Sullas konnten die Rückkehr zu Verhältnissen wie vor den Reformen nur schwer ertragen.
19 inopia rei familiaris: Catilina war trotz beträchtlichen Familienvermögens in eine tiefe Schuldenkrise geraten, wie so viele seiner Anhänger. Die Hoffnung auf Bereicherung durch neuerliche Proskriptionen war somit das Hauptmotiv seiner Verschwörer.
22 f. pessuma ac divorsa inter se mala: Sallust spricht hier erstmals das Zentralthema seines Geschichtswerks an, den moralischen Niedergang Roms durch überbordenden Materialismus.

8 text

C. Sallustius Crispus,
Coniur. Cat., c. 6,1–7,6; 9,1–10,6

Aufstieg und moralischer Niedergang Roms

In unmittelbarem Anschluss an die Charakteristik des Menschen Catilina folgt die Charakteristik seiner Umwelt, wobei Sallust bis weit in die Gründungssage Roms zurückgreift: Damals, in den alten Zeiten, hätten noch gesunder Ehrgeiz und feste moralische Wertbegriffe geherrscht, die Gesellschaft sei einig und ungeteilt gewesen; erst mit der Auslöschung Karthagos, des größten außenpolitischen Konkurrenten Roms, sei das grundlegende Laster aller gegenwärtigen Übel, die *avaritia* (Geldgier), über das römische Volk gekommen. Diese pessimistische Betrachtungsweise seiner Geschichte ist typisch für alle Schriften Sallusts und wurde von seinen Bewunderern (z. B. Tacitus, Augustinus) weitgehend nachgeahmt, entspricht aber insgesamt römischem Denken, welches gern die Vergangenheit in hellem Licht verklärt darstellte.

6 Urbem Romam, sicuti ego accepi[1], condidere[2] atque habuere initio Troiani, qui Aenea duce[3] profugi[4] sedibus incertis[5] vagabantur[6], et cum his Aborigines, genus hominum agreste[7], sine legibus, sine imperio[8], liberum atque solutum. Hi postquam in una moenia[9] convenere, dispari genere[10], dissimili lingua, alius alio more[11] viventes, incredibile memoratu[12] est, quam facile coaluerint[13]: ita brevi multitudo divorsa atque vaga concordia[14] civitas facta erat. Sed postquam res[15] eorum civibus, moribus, agris aucta satis prospera satisque pollens[16] videbatur, sicuti pleraque mortalium habentur[17], invidia ex opulentia orta est. Igitur reges populique finitumi bello temptare[18], pauci ex amicis auxilio

6 1 accipio 3M, -cepi, -ceptus: hören, vernehmen (in dieser Bed. genauso häufig wie „empfangen") **2 condidere** = *condiderunt* **3 Aenea duce**: unter Führung des Aeneas **4 profugi**: als Flüchtlinge **5 sedibus incertis**: an unsicheren Wohnsitzen **6 vagor** 1: umherstreifen **7 genus hominum agreste**: ein bäuerlicher Menschenschlag **8 imperium**, -i n.: Herrschaftsform (auch weiter unten) **9 in una moenia**: in einer Stadtmauer, in einer Stadt **10 dispari genere**: von verschiedener Herkunft **11 alius alio more**: jeder nach einer anderen Sitte **12 memoratu**: zu erwähnen (sup.) **13 coalesco** 3, -alui: zusammenwachsen (daher die „Koalition"!) **14 concordia**: Ablativ! **15 res** = *res publica* **16 pollens**, -ntis: = *potens* **17 sicuti pleraque mortalium habentur**: wie es unter Menschen zumeist geschieht **18 bello temptare**: sie provozierten sie zum Krieg (*temptare:* hist. Inf.; Subj. sind *reges* und *populi,* das – nicht genannte – Obj. die Römer!)

esse: nam ceteri metu perculsi[19] a periculis aberant. At Romani domi militiaeque intenti festinare[20], parare, alius alium hortari, hostibus obviam ire, libertatem, patriam parentisque armis tegere[21]. Post, ubi pericula virtute propulerant, sociis atque amicis auxilia portabant, magisque dandis quam accipiundis beneficiis amicitias parabant. Imperium legitumum, nomen imperi regium habebant[22]. Delecti, quibus corpus annis infirmum, ingenium sapientia[23] validum erat, rei publicae consultabant: hi vel aetate vel curae similitudine patres appellabantur. Post, ubi regium imperium, quod initio conservandae libertatis atque augendae rei publicae fuerat, in superbiam dominationemque[24] se convortit, inmutato more annua imperia binosque imperatores sibi fecere: eo modo minume posse putabant per licentiam insolescere[25] animum humanum.

7 Sed ea tempestate[26] coepere[27] se quisque magis extollere magisque ingenium in promptu habere[28]. Nam regibus boni quam mali suspectiores[29] sunt, semperque iis aliena virtus formidulosa[30] est. Sed civitas incredibile memoratu[31] est adepta libertate quantum brevi creverit: tanta cupido gloriae incesserat. Iam primum iuventus, simul ac belli patiens[32] erat, in castris per laborem usum[33] militiae discebat, magisque in decoris[34] armis et militaribus equis quam in scortis[35] atque conviviis lubidinem habebant[36]. Igitur talibus viris[37] non labor insolitus, non locus ullus asper aut arduos[38] erat, non armatus hostis formidulosus: virtus omnia domuerat. Sed gloriae maxumum certamen inter ipsos erat: se quisque[39] hostem ferire, murum ascendere, conspici, dum tale facinus faceret, properabat; eas divitias, eam bonam famam magnamque nobilitatem putabant. Laudis avidi, pecuniae liberales erant; gloriam ingentem, divitias honestas volebant. [...]

19 metu perculsi: aus Angst (erschüttert) **20 intenti festinare**: sie waren außerordentlich tätig (hist. Inf.) **21 armis tegere**: mit Waffengewalt beschützen **22 nomen imperi regium habebant**: als Bezeichnung der Herrschaftsform hatten sie das „Königreich" (Achtung: *regium* = Adjektiv!) **23 annis ... sapientia**: Ablativ! **24 in superbiam dominationemque**: in eine hochmütige Gewaltherrschaft (sog. Hendiadyoin, ➤ rhet. Stilmittel, S. 122) **25 per licentiam insolescere**: durch Willkür übermütig werden

7 **26 ea tempestate** = *eo tempore* **27 coepere** = *coeperunt* **28 ingenium in promptu habere**: seine Begabungen zur Schau stellen **29 suspectus** 3: verdächtig (vgl. engl. suspect, suspicious) **30 formidulosus** 3: furchterregend **31 memoratu**: ➤ 12 **32 belli patiens**: im wehrdienstfähigen Alter **33 usus**, -us m.: h. Praxis **34 decorus** 3 = *pulcher* 3 **35 scortum**, -i n.: Hure **36 lubidinem habere**: Freude haben **37 talibus viris**: Dativ! **38 arduos** = *arduus* (Archaismus) **39 se quisque**: Prädikat = *properabat*

***Abb. 14: Doppelbildnis eines römischen Ehepaares**, gewöhnlich als Bildnis von Cato und Porcia bezeichnet (Zuschreibung jedoch umstritten); Vatikanische Museen, Rom. Die Verschlingung der Hände drückt die innere Verbundenheit der Dargestellten aus. Die Lebensgemeinschaft der Familie hatte in der älteren römischen Republik einen sehr hohen Wert.*

9 Igitur domi militiaeque[40] boni mores colebantur; concordia maxuma, minuma avaritia erat; ius bonumque apud eos non legibus magis quam natura[41] valebat. Iurgia, discordias, simultates[42] cum hostibus exercebant, cives cum civibus de virtute certabant. In suppliciis deorum magnifici, domi parci[43], in amicos fideles erant. Duabus his artibus – audacia in bello, ubi pax evenerat, aequitate – seque remque publicam curabant. Quarum rerum ego maxuma documenta[44] haec habeo, quod in bello saepius vindicatum est in eos[45], qui contra imperium in hostem pugnaverant quique tardius[46] revocati[47] proelio excesserant, quam qui signa relinquere aut pulsi loco cedere[48] ausi erant; in pace vero, quod beneficiis magis quam metu imperium agitabant et accepta iniuria ignoscere quam persequi malebant[49].

10 Sed ubi labore atque iustitia res publica crevit, reges magni bello domiti, nationes ferae et populi ingentes vi subacti, Carthago, aemula imperi Romani, ab stirpe interiit[50], cuncta maria terraeque patebant, saevire Fortuna ac miscere[51] omnia coepit. Qui[52] labores, pericula, dubias atque asperas res facile toleraverant, iis otium divitiaeque, optanda alias[53], oneri miseriaeque fuere[54]. Igitur primo pecuniae, deinde imperi cupido[55] crevit: ea quasi materies[56] omnium malorum fuere. Namque avaritia fidem, probitatem ceterasque artis[57] bonas subvortit; pro his[58] superbiam, crudelitatem, deos neglegere, omnia venalia[59] habere edocuit[60]. Ambitio multos mortalis falsos fieri subegit, aliud clausum in pectore, aliud in lingua promptum habere[61], amicitias inimicitiasque non ex re, sed ex commodo[62] aestumare, magisque voltum quam ingenium bonum habere. Haec primo paulatim crescere, interdum vindicari[63]; post, ubi contagio quasi pestilentia invasit, civitas inmutata, imperium ex iustissumo atque optumo crudele intolerandumque factum.

9 **40 domi militiaeque**: im Krieg und Frieden (Lokativ) **41 non legibus magis quam natura**: nicht so sehr durch Gesetze als von Natur aus **42 iurgia, discordias, simultates**: Zwist und Streitigkeiten (alle drei Wörter sind Synonyme) **43 parcus** 3: sparsam **44 documentum**, -i n.: Beweis **45 vindicatum est in eos**: man bestrafte diejenigen **46 tardius**: zu spät **47 revocati**: obwohl sie zurückbeordert worden waren **48 loco cedere**: fliehen **49 malebant**: v. *malle:* lieber wollen

10 **50 ab stirpe interire**: von Grund auf untergehen, völlig vernichtet werden **51 misceo** 2: h. durcheinander bringen **52 qui**: *ii, qui* (darauf bezogen: *iis*) **53 optanda alias**: sonst Wünschenswertes **54 oneri miseriaeque fuere**: bedeuteten Last und Elend (dat. fin.) **55 imperi cupido**: Herrschsucht **56 materies**, -ei f.: Grundstoff (daher die „Materie") **57 artis** (=*-es*) *bonas*: die guten Eigenschaften **58 pro his**: statt derer **59 venalis**, -e: käuflich **60 edocuit**: Subj. = *avaritia* **61 promptum habere**: zur Verfügung haben **62 non ex re, sed ex commodo**: nicht nach ihrem tatsächlichen Wert, sondern nach ihrem Vorteil **63 crescere ... vindicari**: hist. Inf.

***Abb. 15: Luxuriöses Tafelgeschirr** aus 115 Teilen, entdeckt 1930 in Pompeji; Neapel, Nationalmuseum. Dieses Silbergeschirr umfasste Stücke aus alexandrinischen und römischen Werkstätten: Oenochóe (Weinkrug), Platte, Löffel, Salzfass, Eierbecher und Kasserolle aus Silber – kurzum das Tafelgeschirr eines wohlhabenden Hauses.*

6 sicuti ego accepi: Der knappe Einschub zeigt das Quellenverständnis des antiken Historikers: Mündliche Überlieferungen, Traditionen, Sagenhaftes werden ebenso übernommen wie historisch Gesichertes, zwar nicht unkritisch, aber doch ohne die Hinterfragung moderner Geschichtsschreibung.

Troiani: Der trojanische Krieg ist eng mit der – mythischen – Vorgeschichte Roms verbunden: Der Sage nach flüchtete Aeneas mit einer Schar Gefährten aus dem brennenden Troja und gelangte schließlich nach zahlreichen Umwegen *(sedibus incertis vagabantur)* nach Latium, wo sie sich nach schweren Kämpfen ansiedelten, zunächst in Lavinium; dann ließ sich Aeneas' Sohn Ascanius (oder Iulus, daher das julische Geschlecht Caesars und Augustus') in Alba Longa nieder und nach 300 Jahren der Königsherrschaft von Alba Longa gründeten Romulus und Remus die Stadt Rom (➤ „Imagines" v. W. Schepelmann, Reihe „Latein in unserer Zeit").

sine legibus: Die Vorstellung, dass die Urbevölkerung *(aborigines)* keine zivilisatorische Ordnung hatte oder brauchte, findet sich auch in Ovids viel später entstandener Erzählung vom „Goldenen Zeitalter" in seinen „Metamorphosen".

dissimili lingua: Tatsache ist, dass die verschiedenen Stämme der italischen Urbevölkerung verschiedene Dialekte sprachen. Latein ist die Sprache der Latiner.

concordia civitas facta erat: Sallust ist bei der Schilderung der Frühzeit außerordentlich vage, anders als sein späterer Bewunderer Tacitus, der in viel weniger Sätzen viel mehr konkrete Informationen gibt (Ann. I,1). Die Ursache dafür ist, dass es Sallust auf die moralische Qualität der Urbevölkerung, nicht auf die historischen Abläufe ankommt.

reges ... bello temptare: Es ist sicher richtig, dass das aufblühende Gemeinwesen der Stadt Rom durch seinen Expansionsdrang zu Ängsten seiner Nachbarn führte; dass die Römer aber nur von außen kommende Angriffe abwehrten, ist eine verklärende Darstellung.

virtute: Die *virtus* ist ebenfalls einer der Zentralbegriffe nicht nur Sallusts, sondern des gesamten römischen Moralverständnisses: *virtus* bedeutet zunächst einmal „positive Eigenschaft eines Mannes", somit „Tugend", „Tapferkeit", allgemein „gute Charaktereigenschaft". *Virtus* spielt auch in der Philosophie eine zentrale Rolle.

***Abb. 16: Wandgemälde** aus Pompeji; Neapel, Nationalmuseum. Die beiden kleinen Gemälde zeigen Palastbauten mit Kolonnaden, die großartige, durch streng symmetrische Anordnung gegliederte Perspektiven aufweisen. .*

nomen ... regium: Seit dem Sturz der Tarquinier (ca. 500 v. Chr.) hatte es kein Römer gewagt, wieder die Königsherrschaft anzustreben (➤ auch T19, S. 63 f.). Das *regnum* hatte daher eine durchgehende negative Bedeutung und Sallust beeilte sich, ihm durch den Zusatz *imperium legitimum* etwas Positives abzugewinnen.
delecti: Damit sind die Senatoren gemeint, „die alten Männer", die für den Kriegsdienst nicht mehr in Frage kamen, und auf Grund ihrer Funktion daher auch *patres* genannt wurden.
in superbiam dominationemque: Der letzte römisch-etruskische König Tarquinius trug den Beinamen *Superbus*.
annua imperia binosque imperatores: Damit sind die Konsuln und Prätoren gemeint, die jährlich gewählt wurden und zwar immer mindestens zu zweit (Prinzip der Kollegialität). Man wollte damit die Übermacht eines einzelnen Machthabers (wie eben eines Königs) vermeiden *(per licentiam insolescere animum humanum)*; in späterer Zeit führte die Kollegialität und Annuität aber zur Lähmung der Regierungsfähigkeit des Staates.
7 **nam regibus ...** Eine so genannte „Gnome" – ein allgemeingültiger Satz, der sich auf Erfahrung und Tradition stützt; mit *reges* sind daher jegliche Alleinherrscher und Tyrannen gemeint. Nach unserer Auffassung ist der Satz eher zusammenhanglos an diese Stelle gestellt.
adepta libertate: Die Freiheit wurde durch den Sturz des Tarquinius Superbus (s. o.) durch L. Iunius Brutus im Anschluss an die Vergewaltigung und den Selbstmord der Lukrezia erlangt (zum Lukrezia-Thema (auch ➤ „Imagines" v. W. Schepelmann, Reihe „Latein in unserer Zeit").
cupido gloriae: Der Begriff ist für uns heute eher negativ besetzt; für die Römer war jedoch *gloria* das Ziel ihres politischen (wie auch literarischen) Handelns und schloss das Fortleben in der Nachwelt mit ein.
non labor insolitus: Indirekt gesteht Sallust damit Catilina so manche altrömische Tugend zu, wenn er (in ➤ T7, S. 32 f.) dessen große körperliche Fähigkeiten positiv hervorhebt.
gloriam ingentem, divitias honestas: Dem Ruhmstreben waren keine Grenzen gesetzt, dem Reichtum dagegen schon: Er sollte durch „ehrenwerte" Methoden, z. B. im Krieg, erworben sein.
9 **concordia maxuma, minuma avaritia erat**: Der Chiasmus (➤ rhet. Stilmittel, S. 122) stellt den scharfen Gegensatz zwischen dem „alten" und dem „neuen" Rom heraus.
maxuma documenta: Es gibt zahlreiche Bespiele für altrömische Sittenstrenge; das bekannteste hier anwendbare ist die Hinrichtung des eigenen Sohnes (340 v. Chr.) durch T. Manlius Imperiosus Torquatus, da jener ohne Befehl gegen den Feind gekämpft hatte. – Die Geschichte der römischen Frühzeit, wie sie von dem späteren Historiker Livius ausführlich berichtet und hier bei Sallust sehr verallgemeinernd angedeutet wird, wurde von den Römern sehr idealisierend gesehen: Man darf nicht vergessen, dass die Beispiele altväterlicher Strenge auch als Starrsinn ausgelegt werden können und die Macht über Leben und Tod, die der *pater familias* über seine Familie – genauso wie der Imperator über seine Soldaten – hatte, auch schon zu Sallusts Zeiten einer weit menschlicheren Auffassung (u. a. durch den Einfluss der stoischen Philosophie) gewichen war.
10 **Carthago, aemula imperi Romani, ab stirpe interiit**: Karthago war die mächtigste Konkurrentin Roms um die Vormachtstellung im Mittelmeer gewesen. Nach drei für Rom erfolgreichen Kriegen – wobei der 2. Krieg unter Hannibal für Rom der gefährlichste war – wurde Karthago 146 v. Chr. durch Scipio Africanus minor dem Erdboden gleichgemacht. Sallust sieht wohl richtigerweise diesen Zeitpunkt als den Beginn des historischen Umschwungs an: Von da an war Rom unumschränkte „Weltmacht" *(cuncta maria terraeque patebant)*, wer sich widersetzte, wurde überrannt (➤ T25, S. 87), und Reichtum und Luxus in nie zuvor da gewesenem Ausmaß strömten in die Hauptstadt.

Fortuna: Fortuna, die Glücksgöttin, ist hier wohl personifiziert zu denken und daher groß geschrieben; die Volksmeinung wie die stoische Philosophie sah darin das „launische Schicksal" (im Gegensatz zum *fatum* Vergils, das den Menschen zu seiner Bestimmung führt). Diese konnte das Leben der Menschen drehen und wenden, wie sie es wollte, ein Entkommen gab es nicht.
primo pecuniae, deinde imperi cupido: Sallust bezieht sich hier wieder direkt auf das Thema des Werkes, die Verschwörung des Catilina: Catilina ist das beste Beispiel für die hier angedeutete Entwicklung.
omnia venalia habere: Der Satz, der variiert in den Werken Sallusts immer wieder vorkommt, ist die schärfste Kritik an seiner Gegenwart, wobei er damit sicher nicht nur den Adel meint. Allen Menschen seiner Zeit sei das unverhältnismäßige Streben nach Geld und Reichtum eigen.
aliud clausum in pectore, aliud in lingua promptum habere ... etc.: Ovid greift in seinen Metamorphosen in der Schilderung des eisernen Zeitalters dieses düstere Bild wieder auf. Ähnliche Gedanken finden sich auch bei Horaz (6. Römerode) oder Tacitus, der seinen Pessimismus allerdings auf die Kritik am Prinzipat (Kaiserherrschaft) konzentriert.

9 text

C. Sallustius Crispus,
Coniur. Cat., c. 20; 2–17

Catilina spricht zu seinen Leuten

So wie Catilina selbst sind auch seine Verschwörer eher kriminelle als politische Umstürzler; was sie alle wollen, ist teilhaben an der Macht und dem Reichtum der *pauci*. In einem versteckten Winkel seines Hauses hält Catilina eine flammende Rede, in der er die wirtschaftlichen Sorgen seiner Anhänger zum politischen Aufruf, die „Freiheit, die vor ihrer aller Augen liegt" zu ergreifen, ummünzt.

20,2 Ni[1] virtus fidesque vostra spectata mihi forent[2], nequiquam opportuna res[3] cecidisset[4]; spes magna, dominatio in manibus frustra fuissent, neque ego per ignaviam[5] aut vana ingenia[6] incerta pro certis captarem[7]. Sed quia multis et magnis tempestatibus[8] vos cognovi fortis fidosque mihi, eo animus ausus est[9] maxumum atque pulcherrumum facinus incipere, simul quia vobis eadem[10], quae mihi, bona malaque esse intellexi: nam idem velle atque idem nolle ea demum firma amicitia est.

20,2 **1 ni** = *nisi* **2 spectata mihi forent**: von mir erprobt worden wäre **3 opportuna res**: eine günstige Gelegenheit **4 cado** 3, cecidi: h. sich ergeben, einstellen **5 ignavia**, -ae f.: Feigheit **6 vana ingenia**: nichtsnutzige Charaktere **7 incerta pro certis captare**: die Unsicherheit für die Sicherheit eintauschen (➤ K) **8 tempestas**, -atis f.: Gelegenheit **9 animus ausus est** = *ausus sum* **10 eadem** = pl. von *idem* (Neutrum!)

20,5 Sed ego quae mente agitavi, omnes iam antea divorsi[11] audistis. Ceterum mihi in dies[12] magis animus adcenditur[13], quom considero, quae condicio vitae futura sit, nisi nosmet[14] ipsi vindicamus in libertatem[15]. Nam postquam res publica in paucorum potentium ius atque dicionem[16]

20,5 **11 divorsus** 3: einzeln **12 in dies**: von Tag zu Tag **13 mihi ... animus adcenditur**: mein Zorn wächst **14 nosmet** = *nos* (acc.) **15 se vindicare in libertatem** = *se liberare* **16 in ius atque dicionem**: in die Macht und Oberherrschaft

concessit, semper illis reges, tetrarchae[17] vectigales[18] esse, populi, nationes stipendia pendere; ceteri omnes – strenui, boni, nobiles atque ignobiles – volgus fuimus, sine gratia[19], sine auctoritate, iis obnoxii[20], quibus, si res publica valeret, formidini essemus[21]. Itaque omnis gratia, potentia, honos, divitiae apud illos sunt aut ubi illi volunt; nobis reliquere[22] pericula, repulsas[23], iudicia, egestatem[24].

20,9 Quae quo usque tandem patiemini[25], o fortissumi viri? Nonne emori[26] per virtutem praestat quam vitam miseram atque inhonestam, ubi alienae superbiae ludibrio fueris[27], per dedecus[28] amittere? Verum enimvero[29] – pro[30] deum[31] atque hominum fidem! – victoria in manu vobis est, viget aetas, animus valet[32]; contra[33] illis annis atque divitiis omnia consenuerunt[34]. Tantummodo[35] incepto opus est[36], cetera res expediet[37]. Etenim quis mortalium, quoi virile ingenium est, tolerare potest illis divitias superare[38], quas profundant in extruendo[39] mari et montibus coaequandis[40], nobis rem familiarem[41] etiam ad necessaria deesse? Illos binas aut amplius domos continuare[42], nobis larem familiarem[43] nusquam ullum esse? Quom tabulas, signa, toreumata[44] emunt, nova diruunt, alia aedificant, postremo omnibus modis pecuniam trahunt[45], vexant, tamen summa lubidine divitias suas vincere nequeunt. At nobis est domi inopia, foris aes alienum[46], mala res, spes multo asperior: denique quid reliqui habemus[47] praeter miseram animam?

20,14 Quin[48] igitur expergiscimini[49]? En illa, illa, quam saepe optastis, libertas[50], praeterea divitiae, decus, gloria in oculis sita sunt; Fortuna omnia ea victoribus praemia posuit[51]. Res, tempus, pericula, egestas, belli spolia magnifica magis quam oratio mea vos hortantur. Vel imperatore vel milite me utimini: neque animus neque corpus a vobis aberit. Haec ipsa, ut spero, vobis-

17 tetrarcha, -ae m.: Vierfürst, (östlicher) Herrscher **18 vectigalis**,-e: tributpflichtig **19 gratia**,-ae f.: Einfluss **20 obnoxius** 3: verpflichtet, abhängig von **21 formidini esse**: Schrecken einflößen (dat. fin.) **22 reliquere** = *reliquerunt* **23 repulsa**, -ae f.: Zurückweisung **24 egestas**, -atis f.: Armut

20,9 **25 Quae quo usque tandem patiemini … ?**: Wie lange werdet ihr das noch ertragen … ? (➤ K) **26 emori** = *mori (v. morior 3M, mori, mortuus)* **27 ludibrio esse**: von jem. (dat.!) verspottet werden (dat. fin.) **28 dedecus**, -oris n.: Schande **29 verum enimvero**: ganz im Gegenteil **30 pro** + acc. (!) = bei (Schwurformel, Ausruf) **31 deum** = *deorum* **32 viget aetas, animus valet**: Körper und Geist sind gesund (Chiasmus, ➤ rhet. Stilmittel, S. 122) **33 contra** (adv.): dagegen **34 consenesco** 3, -senui: alt werden **35 tantummodo**: nur **36 incepto opus est**: man muss nur anfangen **37 cetera** (n. pl.) **res expediet**: das Übrige wird sich finden **38 illis divitias superare** (AcI): dass jene Reichtum in Überfluss haben **39 extruo** 3, extruxi, exstructus: hinausbauen („aufs Meer") **40 coaequo** 1: einebnen **41 res familiaris**: das Haushaltsgeld **42 continuo** 1: aneinander anschließen **43 lar familiaris**: Dach über dem Kopf (eig. Schutzgott der Familie) **44 toreumata** (griech.): getriebene (= verzierte) (Metall-)Gefäße **45 traho** 3, traxi, tractus: h. ausgeben **46 aes alienum**: Schulden (eig. fremdes Geld) **47 quid reliqui habemus … ?**: was haben wir übrig … ?

20,14 **48 quin**: warum nicht? **49 expergiscor** 3, experrectus sum: aufwachen **50 en illa, illa, … libertas**: Seht, da ist sie, sie, die Freiheit … **51 praemia ponere**: als Belohnung aussetzen

cum una consul agam, nisi forte me animus fallit[52] et vos servire magis quam imperare parati estis.

52 animus fallit: der Mut lässt (mich) im Stich

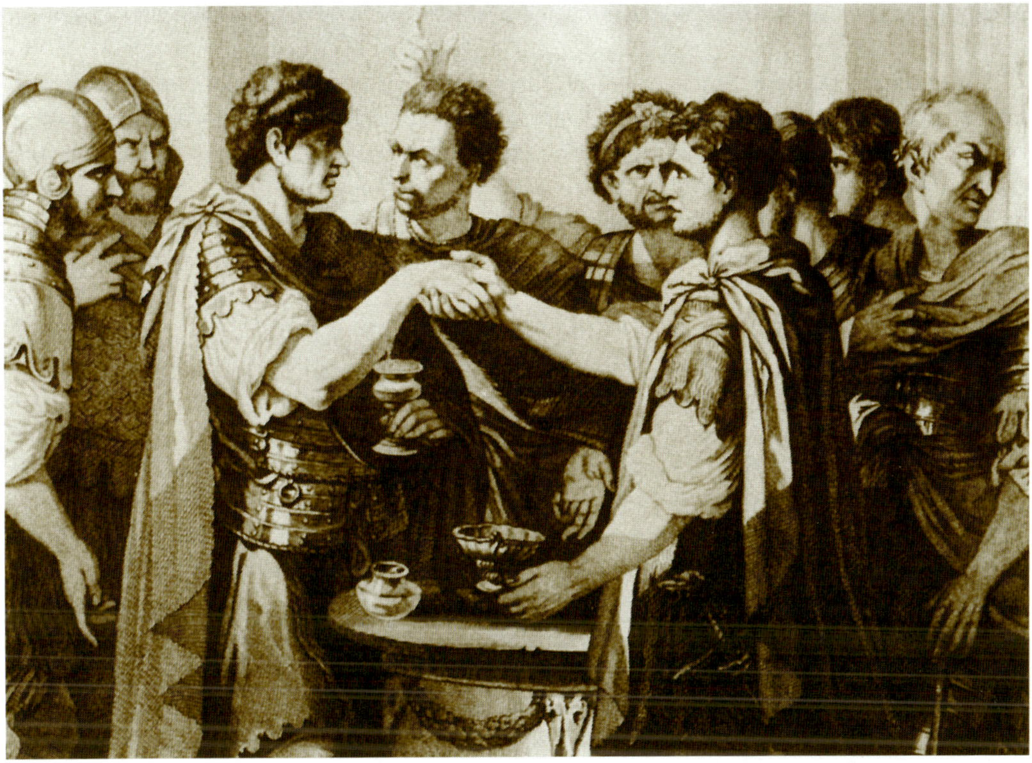

Abb. 17: Der „Bluteid" der Catilinarier. *Radierung von de Fournier nach einem Gemälde von Salvatore Rosa (1615–1673); Florenz, Galleria Pitti. Catilina steht in der Mitte und umfasst seine Gefolgsleute, während er mit einer Hand das Blut als Zeichen der Treue in einem Pokal auffängt (nach Sall. cat. 22; die Szene ist in unserer Ausgabe nicht enthalten).*

9 Kommentar

C. Sallustius Crispus,
Coniur. Cat., c. 20; 2–17

20,2 incerta pro certis: Das Unsichere ist der Kampf um die Vorherrschaft, das Sichere die missliche Lage der Catilinarier. Der bedeutende Historiker Tacitus (zur Zeit Trajans) wandelte in dem Proömium (der Vorrede) zu seinen „Annalen" den Gedanken dahin gehend ab, dass er sagte, nach der Machtergreifung des Augustus hätten die Adeligen die gegenwärtige Sicherheit den früheren Gefahren vorgezogen *(tuta et praesentia quam vetera et periculosa mallent)*.

facinus: Das Wort bedeutet sowohl „Tat" als auch „Untat, Verbrechen"; jeder Leser soll sich sein eigenes Bild machen können. Auch hier kann Tacitus, der Sallust ja in Vielem folgte, zum Vergleich herangezogen werden. In ann. I, 6 lautet der erste Satz, mit dem die Machtergreifung des Kaisers Tiberius (des Nachfolgers des Augustus) geschildert wird: *Primum facinus novi principatus ...*, „Die erste Tat/Untat der neuen Herrschaft ... (war die Ermordung des einzigen legitimen Nachfolgers)." Hier ist *facinus* natürlich ironisch, ja sogar zynisch zu verstehen.

20,5 in paucorum potentium ius atque dicionem: Der Ausdruck ist eine Umschreibung für den griechischen Fachausdruck „Oligarchie" – die Herrschaft der wenigen. Hier spricht aus Catilina der Popular Sallust mit seiner Kritik an der Machtkonzentration in den Händen des Senats; allerdings muss man Sallust zugestehen, dass er im Allgemeinen recht objektiv ist, soweit römische Historie mit diesem modernen Maßstab überhaupt zu messen ist.

nobiles atque ignobiles: Catilina war selbst Adeliger, aber genauso wie seine nicht adeligen Anhänger schwer verschuldet *(egestatem, aes alienum)* und von den Reichen und Mächtigen abhängig *(obnoxii)*.

20,9 quo usque tandem: Sallust hatte – 20 Jahre nach Catilina – natürlich kein Problem, das berühmte Zitat aus Ciceros 1. Rede gegen Catilina hier in ironischer Brechung einzubauen; wir erkennen daran, wie sehr diese und die anderen Reden der Monografie literarisch umgestaltet wurden, um sie „lesbar" zu machen.

in extruendo mari et montibus coaequandis: Vor allem im Golf von Neapel bauten reiche Römer ihre Villen bis ins Meer hinaus. So sagt auch der augusteische Dichter Horaz in seiner 1. Römerode (III 1, 33 ff.):

Contracta pisces aequora sentiunt	Die Fische spüren das verkleinerte Meer
Iactis in altum molibus: huc frequens	durch die bis auf die hohe See gebauten Molen:
Caementa demittit redemptor	Der Baumeister versenkt hier zahlreiche
Cum famulis dominusque terrae	Blöcke mit seinen Gehilfen,
Fastidiosus.	im Auftrag des verwöhnten Herrn.

tabulas, signa, toreumata: Ein bei vielen Reichen sehr beliebtes „Hobby". Man sammelte alte griechische Kunstgegenstände, ohne Rücksicht auf Herkunft und Verwendung. Der bekannteste Sammler war C. Verres gewesen, der als Statthalter von Sizilien (73–71 v. Chr.) die Insel regelrecht ausgebeutet hatte und deswegen von Cicero erfolgreich angeklagt wurde (Reden gegen Verres, 2 Bücher; ➤ T4–6, S. 22 ff.).

20,14 Fortuna: Wie schon erwähnt, bedeutet „Fortuna" sowohl die Glücksgöttin als auch den puren Zufall, vgl. auch das Sprichwort *Fortes fortuna iuvat*.

servire magis quam imperare: Der Satz macht deutlich, dass es Catilina auch in Sallusts Einschätzung nicht um ein Mehr an Demokratie, sondern nur um eine Umkehrung der Machtverhältnisse ging.

9 Vertiefung

1 Mit welchen Argumenten versucht Catilina, seine Leute noch fester als bisher an sich zu binden?

2 Wie sieht er sich und seine Anhänger im Gegensatz zu den *pauci potentes?*

3 Wie gelingt es Catilina, seine Anhänger zu sofortiger Tat aufzurütteln?

4 Wie verhalten sich die Gegensatzpaare „Reichtum – Armut" und „Freiheit – Knechtschaft" in der Rede Catilinas zueinander?

5 Stimmst du mit Catilinas Definition der *amicitia* überein? In welcher Phase der europäischen Kulturgeschichte waren Freundschaftsbündnisse besonders „modern" (denke an Goethe, Schumann)? In welcher großen österreichischen Partei ist der Gruß „Freundschaft" auch heute noch geläufig?

C. Sallustius Crispus,
Coniur. Cat., c. 31,4–32,1

Catilina packt den Stier bei den Hörnern

Da die Versuche Catilinas, durch terroristische Umtriebe – z. B. einen missglückten Mordanschlag auf Cicero – an sein Ziel zu kommen, nichts fruchten (der Senat hat den Ausnahmezustand verhängt), entschließt er sich, die Stimmung unter seinen Feinden wie Anhängern offen zu testen, und erscheint unerwartet persönlich im Senat. Für Cicero ist dies eine gewaltige Herausforderung, der er sich mit dem ihm eigenen rhetorischen Geschick stellt:

31,4 At Catilinae crudelis animus eadem illa movebat[1], tametsi praesidia[2] parabantur et ipse lege Plautia[3] interrogatus erat ab L. Paulo. Postremo dissimulandi[4] causa aut sui expurgandi[5], sicut iurgio lacessitus foret[6], in senatum venit. Tum M. Tullius consul, sive praesentiam eius timens sive ira conmotus, orationem habuit luculentam[7] atque utilem rei publicae[8], quam postea scriptam edidit[9]. Sed ubi ille adsedit, Catilina, ut erat paratus ad dissimulanda omnia, demisso voltu[10], voce supplici[11] postulare a patribus coepit, ne quid de se temere crederent[12]: ea familia ortum, ita se ab adulescentia vitam instituisse[13], ut omnia bona in spe haberet[14]; ne existumarent sibi, patricio homini[15], quoius ipsius[16] atque maiorum pluruma beneficia in plebem Romanam[17] essent, perdita re publica opus esse[18], quom eam servaret M. Tullius, inquilinus[19] civis urbis Romae. Ad hoc maledicta[20] alia quom adderet, obstrepere[21] omnes, hostem atque parricidam[22] vocare. Tum ille furibundus[23] „Quoniam quidem circumventus“ inquit „ab inimicis praeceps agor[24], incendium meum ruina restinguam[25].“

32,1 Deinde se ex curia domum proripuit[26]. Ibi multa ipse secum volvens[27], quod neque insidiae consuli procedebant et ab incendio[28] intellegebat urbem vigiliis munitam, optumum factu credens[29] exercitum augere ac, priusquam legiones scriberentur, multa antecapere[30], quae bello usui forent, nocte intempesta[31] cum paucis in Manliana castra profectus est.

31,4 **1 eadem illa movebat**: dachte noch immer an dasselbe **2 praesidia**, -orum n. pl.: polizeiliche Schutzmaßnahmen **3 lege Plautia**: nach dem plautischen Gesetz (oder: „der *lex Plautia*“) (➤ K) **4 dissimulo** 1: ableugnen **5 expurgo** 1: reinwaschen **6 sicut iurgio lacessitus foret**: als wäre er durch einen Streit provoziert worden **7 luculentus** 3: glänzend **8 rei publicae**: Dativ! **9 scriptam edere**: schriftlich herausgeben **10 demisso voltu**: mit gesenktem Blick **11 suplex**, -icis: hilfeflehend **12 ne quid de se temere crederent**: dass sie über ihn keine voreiligen Schlüsse ziehen sollten **13 vitam instituere**: sein Leben ordnen **14 omnia bona in spe habere**: eine glänzende Zukunft vor Augen haben **15 patricius homo**: Patrizier **16 quoius ipsius**: von dem **17 in plebem R.**: gegenüber … **18 opus esse** + abl.: nötig haben **19 inquilinus** 3: dahergelaufen, zugereist (vgl. österr. Dialekt „zuag'rast“) **20 maledictum**, -i n.: Schmähung **21 obstrepere … vocare**: hist. Inf. **22 parricida**, -ae m.: Hochverräter (wörtl.?) **23 furibundus** 3: wütend **24 praeceps agi**: in den Untergang getrieben werden **25 incendium meum ruina restinguam**: werde ich meine Flammen durch die allgemeine Vernichtung ersticken

32,1 **26 se … proripere**: davonstürzen **27 secum volvere**: überlegen **28 ab incendio**: gegen Brandanschläge **29 optumum factu credens**: glaubte er, es sei am besten (zu machen; sup. -u) **30 antecapio** 3M: vorwegnehmen **31 nocte intempesta**: in tiefer Nacht

10 kommentar

C. Sallustius Crispus,
Coniur. Cat., c. 31,4–32,1

31,4 lege Plautia: Das Gesetz war von einem Volkstribunen *de vi* – bez. Gewaltanwendung – eingebracht worden. Über den weiteren Inhalt ist nichts bekannt. Obwohl Catilina auf Grund dieses Gesetzes von dem jungen L. Aemilius Paulus (dem Bruder des späteren Triumvirn Lepidus) offiziell verhört wurde *(interrogatus)*, gab es keine weiteren gerichtlichen Schritte gegen ihn. – Das Problem der catilinarischen Verschwörung war, dass Cicero sie zwar als primär kriminelle Handlung darzustellen versuchte, aber doch sehr viele hochrangige Politiker damit zumindest teilweise sympathisierten.

praesentiam timens – ira conmotus: Die beiden knappen Begriffe sind eine sehr zutreffende Interpretation des zu Grunde liegenden Dilemmas von Ciceros 1. Rede gegen Catilina. Vgl. die folgenden Texte aus der 1. Catilinaria, ➤ T12–16, S. 47 ff.

luculentam atque utilem: Die lobenden Adjektive beweisen, dass Sallust keineswegs ein erbitterter Gegner Ciceros war, wie die ihm – fälschlich – zugeschriebene Invektive (Schmährede) weismachen will.

scriptam edidit: Die schriftliche Herausgabe der vier catilinarischen Reden fand im Jahre 60 v. Chr. statt. Es gibt einige Stellen, an denen Cicero offensichtlich nachträgliche Retuschen anbrachte, aber im Großen und Ganzen dürften die schriftlichen Fassungen den mündlichen weitgehend entsprechen.

quom eam servaret ... inquilinus civis ...: eine stark ironische Herabsetzung des *homo novus* Cicero durch den hochadeligen Patrizier Catilina

32,1 neque insidiae consuli ... urbem vigiliis munitam: Die direkte Anspielung Sallusts auf die Worte Ciceros in der 1. Rede betont dessen Wachsamkeit gegenüber allen Umtrieben des *parricida*.

in Manliana castra: Das Lager des Manlius, Catilinas Unterfeldherrn, lag in den Schluchten Etruriens (der Toskana) nördlich von Rom. Cicero hatte diese Flucht des Catilina zu seinen Spießgesellen immer wieder als vorrangiges Ziel seiner Politik und Rede bezeichnet, um ihn auch offiziell als Staatsfeind brandmarken zu können.

10 Vertiefung

Als Vertiefung dieser Stelle eignen sich die Cicero-Texte aus der 1. Catilinaria (➤ T12–16, S. 47 ff.).

11 text

C. Sallustius Crispus,
Coniur. Cat., c. 58; 1–21

Die Ansprache Catilinas an seine Soldaten

Unmittelbar vor der entscheidenden Schlacht gegen das Senatsheer unter Ciceros Mitkonsul C. Antonius (der allerdings auch verdächtigt wurde, ein Catilinarier zu sein!) richtet Catilina noch einmal einen patriotischen Appell an seine Soldaten. Dennoch verlieren er selbst und die meisten seiner Leute in dem folgenden Kampf ihr Leben.

58,1 Conpertum ego habeo[1], milites, verba[2] virtutem non addere, neque ex ignavo[3] strenuom neque fortem ex timido exercitum oratione imperatoris fieri. Quanta quoiusque animo[4] audacia natura aut moribus[5] inest, tanta in bello patere[6] solet. Quem neque gloria neque pericula excitant, nequiquam hortere[7]: timor animi auribus[8] officit[9]. Sed ego vos, quo pauca monerem, advocavi, simul uti[10] causam mei consili aperirem.

58,4 Scitis equidem, milites, socordia atque ignavia Lentuli[11] quantam[12] ipsi nobisque cladem adtulerit, quoque modo, dum ex urbe praesidia opperior[13], in Galliam proficisci nequiverim[14]. Nunc vero quo loco res nostrae sint, iuxta mecum[15] omnes intellegitis. Exercitus hostium duo, unus ab urbe, alter a Gallia obstant; diutius in his locis esse, si maxume animus ferat[16], frumenti atque aliarum rerum egestas[17] prohibet; quocumque ire placet, ferro iter aperiundum[18] est. Quapropter[19] vos moneo, uti[20] forti atque parato animo sitis et, quom proelium inibitis, memineritis vos divitias, decus, gloriam, praeterea libertatem atque patriam in dextris vostris portare. Si vincimus, omnia nobis tuta erunt[21]: conmeatus abunde, municipia atque coloniae patebunt; si metu cesserimus[22], eadem illa advorsa fient[23]; neque locus neque amicus quisquam teget[24], quem arma non texerint.

58,11 Praeterea, milites, non eadem nobis et illis necessitudo[25] inpendet: nos pro patria, pro libertate, pro vita certamus, illis supervacuaneum[26] est pugnare pro potentia paucorum. Quo audacius adgredimini[27], memores pristinae[28] virtutis! Licuit vobis cum summa turpitudine[29] in exilio aetatem agere, potuistis – nonnulli[30] – Romae amissis bonis[31] alienas opes[32] expectare: quia illa[33] foeda atque intoleranda viris videbantur, haec[34] sequi decrevistis. Si haec relinquere voltis, audacia opus est: nemo nisi victor pace bellum mutavit[35]. Nam in

58,1 **1 conpertum ego habeo**: ich habe erfahren (aus Einzelwörtern zusammengesetzte – analytische – Verbformen sind in der Volkssprache geläufig und nehmen die Entwicklungen der modernen Sprachen vorweg; die lat. Hochsprache bevorzugt dagegen sog. synthetische Einzelformen) **2 verba ... fieri**: AcI (*addere, fieri:* im Dt. am besten beides Passiv!) **3 ignavus** 3: feig (hier nominal gebraucht) **4 animo**: Obj. zu *inest* **5 natura aut moribus**: abl. causae **6 patere**: sich zeigen **7 hortere**: 2. P. coni. praes. (im Dt. mit „man" zu übersetzen) **8 auribus**: dat. pl. v. *auris, -is* f., nicht: *aurum!* **9 officit**: steht im Wege **10 uti** = *ut* + coni.

58,4 **11 socordia atque ignavia Lentuli**: Subjekt! **12 quantam**: an die Spitze des Satzes zu stellen! **13 opperior** 4, -pertus sum: abwarten **14 nequiverim**: coni. perf. v. *nequeo* (nicht können) **15 iuxta mecum**: zusammen mit mir **16 si maximus animus ferat**: wenn das auch unser größter Wunsch wäre **17 egestas**, -atis f.: Mangel **18 aperiundum**, Gerundiv v. *aperio 4, aperui, apertum*: öffnen **19 quapropter**: deswegen **20 uti**: ➤ 10! **21 omnia nobis tuta erunt**: werden wir alles in Sicherheit haben **22 cedo** 3, cessi, cessum: zurückweichen, nachgeben **23 eadem illa advorsa fient**: wird alles das gegen uns sein **24 tego** 3, texi, tectus: h. beschützen

58,11 **25 necessitudo**, -inis f.: Notlage **26 supervacuaneus** 3: überflüssig, lästig **27 adgredimini**: Imperativ! **28 pristinus** 3: altbewährt **29 turpitudo**, -inis f.: Schändlichkeit **30 potuistis – nonnulli**: manche von euch konnten ... **31 amissis bonis**: nach dem Verlust ihres Vermögens **32 alienas opes**: fremde Hilfe **33 illa** (n. pl.): Subjekt (im Dt. sg.!) **34 haec**: (n. pl.) h. mir (Obj. zu *sequi)* **35 pace bellum mutare**: den Frieden für den Krieg eintauschen

fuga salutem sperare, quom arma, quibus corpus tegitur, ab hostibus avorteris[36], ea vero dementia est. Semper in proelio iis maxumum est periculum, qui maxume timent: audacia pro muro habetur[37].

58,18 Quom vos considero, milites, et quom facta vostra aestumo, magna me spes victoriae tenet. Animus, aetas, virtus vostra me hortantur, praeterea necessitudo[38], quae etiam timidos fortis facit[39]. Nam multitudo hostium ne circumvenire queat[40], prohibent angustiae loci. Quodsi virtuti vostrae Fortuna inviderit, cavete[41] inulti[42] animam amittatis, neu capti potius[43] sicuti pecora trucidemini, quam virorum more pugnantes cruentam atque luctuosam[44] victoriam hostibus relinquatis!

36 avorteris: man wendet ab **37 pro muro habetur**: vertritt eine Mauer

58,18 **38 necessitudo**: ➤ 25! **39 timidos fortis facere**: die Angsthasen zu Helden machen **40 queat** = *possit* **41 cavete**: erg. *quin* (dass) *animam amittatis:* dass ihr das Leben verliert **42 inultus** 3: ungerächt **43 potius ... quam**: eher ... als (dass) **44 luctuosus** 3: trauervoll

C. Sallustius Crispus,
Coniur. Cat., c. 58; 1–21

11 Kommentar

Die Rede ist in vielerlei Hinsicht eine Parallele zur Rede Catilinas an seine Verschwörer am Anfang der *Coniuratio Catilinae* (➤ T9, S. 39). Wie weit beide Reden den tatsächlich gehaltenen entsprechen, ist heute nicht mehr feststellbar. Es ist aber anzunehmen, dass Sallust wohl nicht die Intention, aber den Wortlaut in seinem literarischen Sinn geändert hat.

58,4 **socordia atque ignavia Lentuli**: Lentulus war, wie Catilina meint, durch seine eigene Unfähigkeit in Ciceros Falle getappt.

ex urbe praesidia: Catilina erhoffte sich Verstärkungen für sein sehr schwaches Heer (ursprünglich nur ca. 2 000 Mann). Um seine Truppen aufzufüllen, nahm er sogar Sklaven auf, was als unehrenhaft galt.

exercitus hostium duo: Catilina meint damit die Heere des Antonius (Ciceros Amtskollegen) und des Metellus.

si vincimus: Aus diesen und den folgenden Worten ist bereits die Verzweiflung Catilinas angesichts der drohenden Übermacht zu lesen.

58,11 **necessitudo**: lat. Übertragung des griech. „ananke", der Notwendigkeit im Sinn des unausweichlichen Schicksals. Dieser gegenüber steht die *fortuna*, das launische Glück, das auf die Menschen manchmal neidisch ist *(inviderit).*

11 Vertiefung

1 Suche die Parallelen zur Rede Catilinas an seine Verschwörer (➤ T9, S. 39). Wie hat sich die Situation gewandelt, wo greift Catilina auf die gleichen Argumente zurück?

2 Mit welchen Sachargumenten versucht Catilina, seine missliche Lage zu erklären?

3 Könnte man sagen, dass Sallust hier auf Seiten seines Helden steht?

Aus Ciceros Erster Rede gegen Catilina

Cicero hielt diese Rede am 8. November 63 v. Chr. im Tempel des Jupiter Stator, wohin er den Senat berufen hatte. Zum Erstaunen aller erschien Catilina persönlich (➤ T10, S. 43), vielleicht um sich reinzuwaschen, oder um die Stimmung zu testen. Cicero, der Catilina zum Staatsfeind erklären lassen wollte, musste nun eine improvisierte Rede halten, um der neuen Situation gerecht zu werden. Die Rede dauerte im Original etwa eine Stunde, vielleicht von Zwischenbemerkungen Catilinas unterbrochen. Obwohl es immer schon ein Streitpunkt war, warum Cicero Catilina bei diesem Anlass nicht einfach verhaftete, macht die Rede doch deutlich, was Cicero eigentlich wollte und zumindest teilweise auch erreichte: Catilina sollte Rom verlassen, seine Anhängerschaft mitnehmen und sich zu seinem Unterfeldherrn Manlius in Etrurien begeben. Dann würden klare Fronten herrschen und niemand könnte mehr an den wahren Absichten des Verschwörers zweifeln. (Ciceros Hauptproblem war ja, dass er zwar über die Verschwörung durch eine Informantin sehr gut Bescheid wusste, ihm aber zu diesem Zeitpunkt noch die allgemein ersichtlichen Beweise fehlten, um handeln zu können.)
Tatsächlich konnte Cicero zumindest das eine Anliegen durchsetzen: Catilina, der sich im Senat während der Rede des Konsuls zunehmend isoliert sah, verließ fluchtartig schon während oder am Ende der Rede die Sitzung und begab sich zu Manlius (➤ T10, S. 43). Die wichtigsten seiner Mitverschworenen blieben jedoch in Rom und wurden erst durch ihre verräterischen Briefe an die Allobroger (eine gallische Gesandtschaft) überführt.

***Abb. 18**: Beginn der 1. Catilinaria in einer **neapolitanischen Cicero-Handschrift** für König Ferdinand I. von Aragonien (1458–1494); Wien, Österreichische Nationalbibliothek. Die Miniatur zeigt rechts Cicero vor einer Gruppe römischer Senatoren in der Toga (hier in italienische Zeittracht umgedeutet), links Catilina mit dem Legionsadler vor einer Gruppe seiner Soldaten. Über Ciceros Haupt schwebt ein Spruchband, mit einem Zitat aus seinem Epos „De consulatu suo“, das er nach der Zerschlagung der catilinarischen Verschwörung abfasste. Das Zitat lautet:* CEDANT ARMA TOG(A)E, *sinngemäß: Die bewaffnete Macht möge den friedliebenden Bürgern weichen.*

Die Rede Ciceros ist ein Musterbeispiel rhetorischer Brillanz, auch wenn sie bei der nachträglichen schriftlichen Fassung etwas verändert wurde. Der erste Satz ist als Zitat in die Weltliteratur eingegangen und war schon in der Antike in aller Munde (vgl. Sallust, ➤ T9, S. 39).
Die folgenden fünf Ausschnitte sind typisch für die Argumentation der ganzen Rede: Catilinas Vorhaben seien allgemein bekannt, er sei vollständig isoliert, er solle Rom verlassen, und die *patria* stehe geschlossen hinter Cicero. Diese vier Themen werden im Verlauf der ganzen Rede immer wieder kunstvoll variiert und mit allen Mitteln der Rhetorik ausgeschmückt. Man soll nicht glauben, dass Cicero bei der schriftlichen Überarbeitung aus dem Jahre 60 v. Chr. sehr viel daran geändert hat: Er war der berühmteste Redner seiner Zeit und konnte solche Meisterleistungen selbstverständlich auch aus dem Stegreif erbringen.

12 text

M. Tullius Cicero,
In Catilinam Oratio Prima, c. 1–2

Wie lange denn noch ...?

1 Quo usque tandem abutere[1], Catilina, patientia nostra? Quamdiu etiam furor[2] iste tuus nos eludet? Quem ad finem[3] sese[4] effrenata[5] iactabit audacia? Nihilne[6] te nocturnum praesidium Palatii[7], nihil urbis vigiliae[8], nihil timor populi, nihil concursus[9] bonorum[10] omnium, nihil hic munitissimus habendi senatus locus[11], nihil horum ora vultusque moverunt? Patere tua consilia non sentis? Constrictam[12] iam horum omnium scientia[13] teneri coniurationem tuam non vides? Quid proxima[14], quid superiore[15] nocte egeris, ubi fueris, quos convocaveris, quid consilii ceperis, quem nostrum ignorare arbitraris[16]?

2 O tempora, o mores[17]! Senatus haec intellegit, consul videt; hic tamen vivit. Vivit? Immo vero etiam in senatum venit, fit publici consilii particeps[18], notat et designat oculis[19] ad caedem unumquemque nostrum. Nos autem fortes viri satis facere rei publicae videmur[20], si istius furorem ac tela vitamus[21]. Ad mortem te, Catilina, duci iussu consulis iam pridem oportebat[22], in te conferri pestem[23], quam tu in nos omnes iam diu machinaris[24].

1 **1 abutere**: 2. P. fut. statt *abuteris* **2 furor**, -oris m.: Wahnsinn **3 quo usque ... quamdiu ... quem ad finem**: Diese *Variatio* (➤ rhet. Stilmittel, S. 122) dreier gleich lautender Fragewörter kann im Dt. kaum nachgeahmt werden; alle drei heißen „Wie lange?“ **4 sese** = *se, se iactare*: sich aufspielen **5 effrenatus** 3: zügellos **6 nihilne** ...: Das Prädikat ist das zuletzt stehende: *moverunt*. Es empfiehlt sich, im Dt. den langen Satz mit „Haben ... ?“ zu beginnen (*movere* = beeindrucken). **7 Palatium**, -i n.: der Palatin (an das Forum angrenzender Hügel von Rom mit den Palais der Reichen) **8 vigiliae**, -arum f. pl.: Nachtwachen **9 concursus**, -us m.: Alarmierung **10 boni**, -orum m.pl.: die Anständigen **11 munitissimus habendi senatus locus**: die stark bewachte Senatsversammlung **12 constrictam** (bez. auf *coniurationem*) **teneri**: in Fesseln gehalten werden **13 scientia** = abl. causae od. instrumenti **14 proximus** 3: letzte (näml. Nacht) **15 superior**, -oris: vorletzte **16 quem nostrum ignorare arbitraris**: wer von uns, glaubst du, weiß das nicht? (Verschränkung von AcI + Fragesatz)

2 **17 O tempora, o mores!** ➤ K **18 fit ... particeps** + gen.: er nimmt teil **19 oculis**: mit seinen Blicken **20 videri**: h. meinen **21 vito** 1: vermeiden (nicht: „leben“!) **22 iam pridem oportebat:** es hätte sich schon längst gehört (Modalverben, die den coni. irreal. ausdrücken, stehen im Lat. meist im Indikativ) **23 pestis**, -is f: Unheil (daher dt.: Pest) **24 machinor** 1: planen

12 kommentar

M. Tullius Cicero,
In Catilinam Oratio Prima, c. 1–2

1 **Quo usque tandem ...**: Der, wie schon erwähnt, zum Zitat gewordene Einleitungssatz ist so wie alle folgenden Sätze eine rhetorische Frage (Interrogatio, ➤ rhet. Stilmittel, S. 122), d. h. sie dient nur der Hervorhebung (Emphase) des dahinter stehenden Gedankens und erwartet keine Antwort. Eine genaue Analyse der in diesem Abschnitt (dem sog. Exordium) der Rede verwendeten Stilmittel kann mit Hilfe der Übersicht am Ende des Bandes vorgenommen werden; ➤ auch V12–16, S. 55!

furor ... audacia: Cicero verwendet im Laufe der Rede eine ganze Reihe stark emotional besetzter Ausdrücke, die den Gegner abqualifizieren sollen. Diese Technik war in der Antike durchaus üblich und erregte viel weniger Missfallen, als das heute der Fall wäre.

nocturnum praesidium: Es gab keine Polizei in Rom – auch das Militär durfte die Stadt vor der Kaiserzeit nicht betreten; es war daher üblich, Schutzmaßnahmen durch Freunde und Klienten zu veranlassen. Die Bewachung des Tempels des Jupiter Stator, wo die Senatssitzung stattfand, hatte Cicero seinem Stand, den römischen Rittern, anvertraut.

concursus bonorum: Ein Ciceros Werke durchziehender Gedanke: Die *boni* (das sind nicht nur die Optimaten, sondern alle „anständigen“ Bürger) müssten sich zusammenschließen, um den Staat im Sinne der überlieferten republikanischen Verfassung zu retten. Cicero war damit ein Utopist, da die Realität längst auf die Machtübernahme durch einen Einzelnen hinsteuerte.

2 **O tempora, o mores!**: Eine sog. Exclamatio, ein rhetorischer Ausruf (kann beliebig frei oder auch wörtlich übersetzt werden). Auch dieser Ausruf wurde ein Zitat. Die Phrase selbst und die darauf folgenden Worte sind wohl ironisch zu verstehen. Cicero war bekannt für seine Ironie und seinen Witz; sein treuer Freigelassener Tiro gab nach seinem Tod eine Sammlung seiner witzigsten Aussprüche heraus.

ad mortem ...: Durch dieses scheinbare Eingeständnis seiner eigenen Untätigkeit versteht es Cicero, Spannung zu erzeugen; die Zuhörer müssten sich jetzt fragen, warum der Konsul den Verschwörer nicht verhaften lässt (➤ auch V12–16, S. 55).

13 text

M. Tullius Cicero,
In Catilinam Oratio Prima, c. 5–6,1

Catilina kann noch nicht getötet werden

5 Castra[1] sunt in Italia contra populum Romanum in Etruriae faucibus[2] collocata, crescit in dies singulos[3] hostium numerus; eorum autem castrorum imperatorem ducemque hostium intra moenia[4] atque adeo in senatu videtis intestinam aliquam cotidie perniciem[5] rei publicae molientem[6]. Si te iam, Catilina, comprehendi[7], si interfici iussero, credo, erit verendum mihi[8], ne non potius[9] hoc omnes boni[10]

5 **1 Castra sunt ... collocata**: Es gibt ein Lager, das ... errichtet wurde **2 fauces**, -um f. pl.: Schluchten **3 in dies singulos**: jeden einzelnen Tag **4 intra moenia**: innerhalb der Stadt **5 intestina ... pernicies**: ein Verderben im Inneren (des Staates) **6 molior** 4: planen, bewerkstelligen **7 comprehendi**: so wie *interfici* von *iussero* abhängig! **8 erit verendum mihi**: werde ich mich fürchten müssen (Gerundivkonstruktion im Futur) **9 ne non potius**: dass nicht so sehr **10 omnes boni**: erg. *dicant* ➤ K12

serius a me quam quisquam[11] crudelius factum esse dicat. Verum ego hoc, quod iam pridem factum esse oportuit[12], certa de causa nondum adducor, ut faciam[13]. Tum denique interficiere[14], cum iam nemo tam improbus[15], tam perditus[16], tam tui similis inveniri poterit, qui id non iure factum esse fateatur.

6,1 Quamdiu quisquam erit, qui te defendere audeat, vives, et vives ita, ut nunc vivis, multis meis et firmis praesidiis obsessus, ne commovere te contra rem publicam possis. Multorum te etiam oculi et aures non sentientem[17], sicut adhuc fecerunt, speculabuntur[18] atque custodient.

11 quam quisquam (Prädikat: *dicat*): als dass einer sagen könnte **12 factum esse oportuit**: hätte geschehen müssen **13 certa de causa nondum adducor, ut faciam**: sehe ich mich aus einem bestimmten Grund noch nicht veranlasst, es zu tun **14 interficiere**: 2. P. fut. pass. **15 improbus** 3: schändlich **16 perditus** 3: heruntergekommen

6,1 17 non sentientem: ohne dass du es merkst **18 speculor** 1: beobachten (daher: *speculum* = Spiegel!)

13 kommentar

M. Tullius Cicero,
In Catilinam Oratio Prima, c. 5–6,1

5 castra: Das erwähnte Lager steht unter dem Befehl von Catilinas Unterfeldherrn Manlius; Catilina bemühte sich gegen Ende der Verschwörung, als Feldherr dazustehen, der einen Krieg gegen Rom führte. Cicero übernimmt hier diesen Gedanken, obwohl er sonst bemüht ist, Catilina als gewöhnlichen Kriminellen zu brandmarken.

nemo tam improbus ...: Cicero sah und wusste, dass im Senat eine ganze Reihe Männer saßen, die Catilina gegenüber Sympathie hegten. Das Motiv von Ciceros Rede bestand also darin, einen Keil zwischen Catilina und den Rest der Senatoren zu treiben, was ihm größtenteils auch gelang.

6,1 oculi et aures: Ciceros Informationen stammten vor allem von einer gewissen Fulvia, die sie wieder von ihrem Geliebten Q. Curius, einem Mitglied der Verschwörung, erhielt.

14 text

M. Tullius Cicero,
In Catilinam Oratio Prima, c. 16,2–18

Catilinas Isolation und die „erste Patria-Rede"

16,2 Nunc vero quae tua est ista vita? Sic enim iam tecum loquar, non ut odio permotus esse videar, quo debeo[1], sed ut misericordia[2], quae tibi nulla debetur[3]. Venisti paulo ante in senatum: Quis te ex hac tanta frequentia[4], tot ex tuis amicis ac necessariis[5] salutavit? Si hoc post hominum memoriam[6] contigit nemini, vocis exspectas contumeliam, cum sis gravissimo iudicio taciturnitatis[7] oppressus[8]? Quid, quod[9] ad-

16,2 1 quo debeo: wie ich müsste **2 sed ut misericordia**: sondern aus Mitleid (eig.: *ut misericordia permotus esse videar*) **3 debetur**: Wortspiel zu *debeo*; *debere* steht hier in beiden Bedeutungen: 1. müssen, 2. schulden **4 frequentia**, -ae f.: große Anzahl **5 necessarius**, -i m.: Verwandter, Freund **6 post hominum memoriam**: seit Menschengedenken (= seit sehr langer Zeit) **7 taciturnitas**, -atis f.: Schweigen **8 opprimo** 3, oppressi, oppressus: h. verurteilen **9 quid, quod**: außerdem, dass ...

ventu tuo ista subsellia[10] vacuefacta[11] sunt, quod omnes consulares[12], qui tibi[13] persaepe ad caedem constituti fuerunt, simul atque[14] adsedisti, partem istam subselliorum nudam atque inanem reliquerunt, quo tandem animo[15] hoc tibi ferendum putas?

17 Servi mehercule[16] mei si[17] me isto pacto[18] metuerent, ut[19] te metuunt omnes cives tui, domum meam relinquendam putarem; tu tibi urbem[20] non arbitraris? Et si me[21] meis civibus iniuria suspectum[22] tam graviter atque offensum viderem, carere me adspectu civium quam infestis[23] omnium oculis conspici mallem[24]; tu, cum conscientia[25] scelerum tuorum agnoscas odium omnium iustum et iam diu tibi debitum[26], dubitas, quorum mentes sensusque vulneras, eorum adspectum praesentiamque vitare[27]? Si te parentes[28] timerent atque odissent tui neque eos ulla ratione[29] placare posses, ut opinor[30], ab eorum oculis aliquo concederes[31]; nunc te patria, quae communis est parens[32] omnium nostrum, odit ac metuit et iam diu nihil te iudicat nisi de parricidio[33] suo cogitare; huius tu neque auctoritatem verebere[34] nec iudicium sequere[35] nec vim pertimesces?

18 Quae[36] tecum, Catilina, sic agit et quodam modo[37] tacita loquitur: „Nullum[38] iam aliquot annis facinus exstitit nisi per te, nullum flagitium[39] sine te; tibi uni multorum civium neces, tibi vexatio direptioque[40] sociorum impunita fuit ac libera; tu non solum ad neglegendas leges et quaestiones[41], verum etiam ad evertendas perfringendasque[42] valuisti[43]. Superiora illa[44], quamquam ferenda non fuerunt, tamen, ut potui[45], tuli. Nunc vero[46] me totam esse in metu propter unum te, quidquid increpuerit[47], Catilinam timeri, nullum videri contra me consilium iniri posse, quod a tuo scelere abhorreat[48], non est ferendum. Quam ob rem discede atque hunc mihi timorem eripe! Si est verus[49], ne opprimar, sin falsus, ut tandem aliquando timere[50] desinam."

10 subsellia, -orum n. pl.: Sitzreihen **11 vacuefacio** 3M, -feci, -factus: leeren **12 consularis**, -is m.: (ehemaliger) Konsul **13 tibi** (dat. auct.): von dir (beim PPP häufig) **14 simul atque**: sobald **15 quo animo**: mit welcher Gesinnung, wie

17 16 mehercule: bei Gott! **17 si**: an die Spitze des Satzes vorziehen! **18 isto pacto**: so sehr **19 ut**: mit Indikativ! **20 urbem**: erg. *relinquendam* **21 et si me ...**: AcI, abh. v. *viderem* **22 suspectus** 3: verdächtig (vgl. engl. suspect) **23 infestus** 3: feindselig **24 malo**, malle: lieber wollen **25 conscientia**: Ablativ! **26 debitum**: bez. auf *odium* (in der Bed.: geschuldet, gebührend) **27 vito** 1: vermeiden (nicht: leben!) **28 parentes**: verbinde mit *tui*! **29 neque ... ulla ratione**: und auf keine Weise **30 ut opinor**: wie ich meine **31 aliquo concedere**: irgendwohin weggehen, auswandern **32 parens**, -ntis (m., f.): Elternteil (vgl. engl. parent) **33 parricidium**, -i n.: Muttermord, Hochverrat **34 verebere**: 2. P. fut. v. *vereor 2* (scheuen) **35 sequere**: ebenso 2. P. fut.

18 36 quae: rel. Anschluss bez. auf *patria* **37 quodam modo**: auf gewisse Weise **38 nullum**: bez. auf *facinus* (n.!) **39 flagitium**, -i n.: Schandtat **40 vexatio direptioque**: die Misshandlung und Plünderung **41 quaestio**, -onis f.: Untersuchung (gerichtlich) **42 perfringo**, -fregi, -fractus: durchbrechen **43 valere ad** + Gerundiv: imstande sein, etwas zu tun **44 superiora illa**: jene früheren Vorkommnisse **45 ut potui**: so gut ich konnte **46 nunc vero**: Prädikat = *non est ferendum*; davon abh. AcI **47 quidquid increpuerit**: bei dem leisesten Verdacht **48 abhorreo** 2: sich unterscheiden (nicht: zurückschrecken!) **49 verus**: gemeint ist *timor* **50 timere**: h. Angst haben

16,2 tot ex tuis amicis ac necessariis: *amicus* meint den – auch politischen – Freund oder Parteigänger, *necessarius* ist der Angehörige der Sippe oder *gens*. Cicero will also deutlich machen, dass sogar Catilinas nächste Umgebung von ihm abrückt. Die Szene ist auf einem berühmten Ölgemälde von Cesare Maccari aus dem 19. Jh. anschaulich verkörpert (➤ Abb. 19).

gravissimo iudicio taciturnitatis: Das Schweigen des Senats auf Ciceros Vorwürfe gegenüber Catilina nimmt der Redner zum Anlass, es als Zustimmung zu deuten. Er verwendet dieses Bild auch an anderen Stellen der Rede, so den berühmten Ausspruch *„cum tacent, clamant"*, oder in unserem Text *„tacita loquitur"* (sog. Oxymora – ➤ rhet. Stilmittel, S. 122). Das Schweigen der Zuhörer lässt sich aber auch so deuten, dass alle gespannt auf eine Reaktion Catilinas warten.

18 Quae tecum, Catilina, sic agit ...: Die Personifikation der Patria kommt im Verlauf der Rede noch einmal vor (Cicero spricht dabei sich selbst an). – Es ist ganz offensichtlich, dass Cicero hier nicht nur einen rhetorischen Kunstgriff gebraucht, sondern bewusst „Theater spielt": Es war ja nicht so, wie man es sich vorstellt, dass der „weise" und viel ältere Cicero den jüngeren und „frechen" Catilina zur Rede stellte: Cicero war dreiundvierzig, Catilina fünfundvierzig! Das heißt, Cicero musste die Amtsautorität des Konsuls, ja sogar im moralischen Sinn der „Mutter aller", der gemeinsamen Heimat, in den Vordergrund stellen, um sich und den Senat von dem „missratenen Sohn" lossagen zu können.

hunc mihi timorem eripe: Sallust (Coniur. Cat. 31) beschreibt die Angst Roms, die durchaus real war, folgendermaßen:

Das Antlitz der Stadt war verändert [...], alle befiel Niedergeschlagenheit. Es herrschte eine nervöse Unruhe, man vertraute keinem Ort und keinem Menschen, es wurde nicht Krieg geführt und man hatte nicht Frieden, und der Maßstab der Gefahr war die Furcht jedes Einzelnen [...]

***Abb. 19: Cicero klagt Catilina im Senat an**, Cesare Maccari, Ölgemälde (entstanden zwischen 1882 und 1888), Rom, Palazzo Madama. Der Ausschnitt zeigt Catilina mit gesenktem Blick, angespannt, von den anderen Senatoren isoliert (vgl.* ista subsellia vacuefacta sunt*). Die krallenartigen Hände und die schwarze Haartracht verleihen seinen Zügen etwas Dämonisches.*

15 text

M. Tullius Cicero,
In Catilinam Oratio Prima, c. 31–32

Die Absonderung der Verschwörer wird gefordert

31 Etenim iam diu, patres conscripti[1], in his periculis coniurationis insidiisque[2] versamur, sed nescio quo pacto[3] omnium scelerum ac veteris furoris et audaciae maturitas[4] in nostri consulatus tempus erupit. Quodsi ex tanto latrocinio[5] iste unus tolletur[6], videbimur fortasse ad breve quoddam tempus cura et metu esse relevati, periculum autem residebit et erit inclusum penitus[7] in venis atque in visceribus rei publicae[8]. Ut[9] saepe homines aegri morbo gravi, cum aestu febrique iactantur[10], si aquam gelidam[11] biberunt, primo relevari videntur, deinde multo gravius vehementiusque adflictantur, sic hic morbus, qui est in re publica, relevatus istius poena[12] vehementius reliquis vivis[13] ingravescet[14].

32 Quare secedant[15] improbi, secernant[16] se a bonis, unum in locum congregentur, muro denique, quod saepe iam dixi, secernantur a nobis! Desinant insidiari domi suae consuli, circumstare tribunal praetoris urbani[17], obsidere cum gladiis curiam, malleolos[18] et faces ad inflammandam urbem comparare! Sit denique inscriptum in fronte unius cuiusque, quid de re publica sentiat! Polliceor hoc vobis, patres conscripti, tantam in nobis consulibus fore diligentiam[19], tantam in vobis auctoritatem, tantam in equitibus Romanis virtutem, tantam in omnibus bonis consensionem, ut Catilinae profectione[20] omnia patefacta, illustrata[21], oppressa, vindicata[22] esse videatis.

31 **1 patres conscripti**: versammelte Senatoren (formelhafte Anrede an den Senat) **2 insidiae**, -arum f.: Heimtücke **3 nescio quo pacto**: irgendwie **4 maturitas**, -atis f.: Höhepunkt **5 latrocinium**, -i n.: Raubzug, Räuberschar **6 tolletur**: Futur! *(tollo:* h. herausnehmen) **7 penitus** (adv.): tief drinnen **8 in venis atque in visceribus rei publicae**: in den Adern und den Eingeweiden des Staates **9 ut ...**: bez. auf: *sic*: wie ... so **10 cum aestu febrique iactantur**: wenn sie von hohem Fieber geschüttelt werden **11 gelidus** 3: kalt (vgl. ital. gelato) **12 poena**: abl.! **13 reliquis vivis**: abl. abs.! („wenn ...") **14 ingravesco** 3: sich verschlimmern

32 **15 secedant** und die folgenden Formen: coni. praes. (iussivus) **16 secernere se**: sich absondern **17 tribunal praetoris urbani**: den Gerichtshof des Stadtprätors ➤ K **18 malleolus**, -i m.: Brandfackel (eig. „kleiner Hammer", wegen ihrer Form). Da im Dt. *malleolos et faces* gleich zu übersetzen sind, empfiehlt es sich, nur einmal „Brandfackeln" zu sagen. **19 tantam ... fore diligentiam**: AcI (auch das Folgende! *fore = futuram esse)* **20 Catilinae profectione**: nach (oder: mit) Catilinas Abreise **21 illustro** 1: beleuchten **22 vindico** 1: bestrafen

15 kommentar

M. Tullius Cicero,
In Catilinam Oratio Prima, c. 31–32

31 omnium scelerum ... maturitas: Cicero spielt hier auf die „erste" Catilinarische Verschwörung von 66/65 v. Chr. an, die fehlgeschlagen war. Er bemerkt richtig, dass die Krise genau im Jahr 63, und zwar zu Ende seines Konsulats eintrat.

ut saepe homines ... adflictantur: Cicero verwendet hier beinahe einen so genannten epischen Vergleich, d. h. eine Metapher, die zu einem eigenen Bild, einer eigenen kleinen Erzählung ausgeschmückt wird. Solche Vergleiche gibt es häufig bei Homer (und natürlich den späteren augusteischen Dichtern Vergil und Ovid); sie dienen der eindringlichen Sichtbarmachung des Gesagten.

32 insidiari domi suae consuli: Anspielung auf einen früheren Mordanschlag gegen Cicero (dieser sollte bei der *salutatio* – Morgenbegrüßung – von zwei römischen Rittern umgebracht werden, wurde aber vorher gewarnt und ließ sie nicht vor).

tribunal praetoris urbani: Das Tribunal (auch heute wird dieser Ausdruck verwendet) war eine Holzbühne unter freiem Himmel auf dem Forum. – Der *praetor urbanus* hatte die Gerichtsbarkeit gegenüber den römischen Bürgern inne, der *praetor peregrinus* gegenüber den Nichtrömern. Die Prätoren waren ursprünglich die obersten Beamten der Republik und standen diesen auch nach Einführung der Konsuln (um 450 v. Chr.) nur wenig an Macht und Einfluss nach.

16 text

M. Tullius Cicero,
In Catilinam Oratio Prima, c. 33

Gebet an Jupiter

33 Hisce[1] ominibus[2], Catilina, cum summa rei publicae salute, cum tua peste ac pernicie cumque eorum exitio, qui se tecum omni scelere parricidioque[3] iunxerunt, proficiscere[4] ad impium bellum ac nefarium! Tu, Iuppiter, qui isdem, quibus haec urbs[5], auspiciis[6] a Romulo es constitutus, quem Statorem huius urbis atque imperii vere nominamus, hunc[7] et huius socios a tuis ceterisque templis, a tectis urbis ac moenibus, a vita fortunisque[8] civium omnium arcebis et homines bonorum inimicos, hostes patriae, latrones[9] Italiae scelerum foedere[10] inter se ac nefaria societate coniunctos aeternis suppliciis vivos mortuosque mactabis.

33 1 hisce = *his (hisce* ist die ältere Form; die Partikel *-ce* ist als *-c* noch im Sg. erhalten) **2 ominibus**: v. *omen*, -inis n. Nicht mit *omnibus* verwechseln! **3 parricidium**, -i n.: Hochverrat **4 proficiscere**: der inf. praes. akt. des Dep. vertritt den Imperativ **5 quibus haec urbs**: wie diese Stadt **6 isdem ... auspiciis**: unter denselben Vorzeichen **7 hunc** ... Präd. = *mactabis (macto* 1: schlachten; daher der „Matador", span. der „Stierschlächter") **8 a vita fortunisque**: vom Leben und dem Besitz *(fortuna* hat im Lat. verschiedene Bedeutungen: als „Glück" kann es den blinden Zufall genauso meinen – etwa bei Sallust – wie hier die „Glücksgüter" im Sinne des engl. fortune) **9 latrones**: verbinde mit *coniunctos* (weitgespanntes part. coni.); „die Räuber, welche ..." **10 scelerum foedere**: in einem verbrecherischen Bündnis

16 Kommentar

33 Hisce ominibus ...: Der ganze Text ist eine einzige Verfluchung Catilinas. Cicero war sich am Schluss seiner Rede seiner Wirkung schon so sicher, dass er diesen „starken Abgang“ wählen konnte, ohne Widerspruch von Seiten der Senatoren befürchten zu müssen. Catilina war möglicherweise schon vorher davongestürzt.
Iuppiter Stator: Ob der Tempel des „Fluchthemmers“ (J. Stator ist der Gott, der das fliehende Heer zum Stehen bringt und damit eine Wende in der Schlacht einleitet) wirklich von Romulus selbst begründet wurde, ist unsicher. Fest steht jedenfalls, dass M. Atilius Regulus 294 v. Chr. dem Jupiter Stator die Errichtung eines Tempels am Palatin gelobte. Cicero hatte den Senat hierher berufen – noch bevor er vom Erscheinen Catilinas wusste! –, um an diesem symbolträchtigen und religiösen Ort die Kräfte des Staates und der *boni* nochmals gegen Catilina zu vereinigen.
aeternis suppliciis: Cicero spielt hier auf die bekannten Unterweltsünder (z. B. Tantalus, Sisyphus) an, die zu ewigen Strafen für ihre Verbrechen verdammt wurden. (In Vergils *„Aeneis“*, dem berühmtesten röm. Epos – ➤ T25, S. 87 – wird bereits eine solche Strafe für Catilina ausgesprochen; VIII, 668 f.).

12–16 Vertiefung

1 Analysiere T12 hinsichtlich der Verwendung rhetorischer Stilmittel (➤ S. 122); suche besonders Trikolon, rhetor. Frage, Exclamatio, Klimax, Anapher, Alliteration, Ironie!

2 Finde Belegstellen für die in der Einleitung erwähnten vier Hauptthemen der Rede!

3 An welchen Stellen findet sich Ciceros persönliches Anlegen des *„concursus bonorum“*? Wen kann er damit meinen? Ist eine solche moralische Einteilung der Bürger auch heute noch zu treffen?

4 Wie identifiziert sich Cicero mit der gesamtstaatlichen Autorität? Was will er mit dieser Identifikation erreichen?

5 Die Anrufung Gottes als Beistand in politischen Krisen ist in manchen Staaten auch heute noch üblich; wie siehst du heute das Verhältnis Religion – Politik?

***Abb. 20:** Ausschnitt aus einem Relief am **Grabmonument der Haterier**, Rom (1. Jh. n. Chr.). Das Relief zeigt die Via Sacra, den Hauptweg des Forum Romanum. Ganz rechts der Tempel des Jupiter Stator (➤ K), in dem die Senatssitzung stattfand.*

CICEROS SPÄTERES WIRKEN

Nach der Gründung des Triumvirats von 60 v. Chr. (Caesar, Pompeius, Crassus) und seiner – durch die angeblich illegale Hinrichtung der Catilinarier verursachten – Verbannung sowie der im Jahr darauf erfolgten Rückberufung (58–57 v. Chr.) sah sich Cicero politisch weitgehend isoliert. Dennoch war er nicht untätig; neben einer Anzahl bedeutender rhetorischer und philosophischer Werke entstanden auch zahlreiche Reden für Freunde und Gesinnungsgenossen, aus denen hier ein Ausschnitt vorliegt *(„Pro Sestio")*, der für die angespannte Situation der Zeit bezeichnend ist. Unter Caesars Diktatur wollte Cicero zunächst überhaupt nicht mehr öffentlich reden, brach aber sein Gelübde, als Caesar einen seiner Freunde begnadigte *(„Pro Marcello")*. Ciceros Lob seines Widersachers in dieser Rede ist vielschichtig und voll versteckter Ironie.
Erst nach Caesars Tod, den er mit unverhohlener Freude pries, wurde Cicero wieder aktiv, nämlich im Kampf gegen Marcus Antonius, den die Verschwörer unverständlicherweise am Leben gelassen hatten. In seinen vierzehn sog. „philippischen" Reden zeigte Cicero noch einmal Zivilcourage, die ihn allerdings das Leben kostete: Marcus Antonius ließ ihn nach der Gründung des 2. Triumvirats (43 v. Chr.) als ersten seiner Feinde ermorden.

„Pro Sestio"

Im März des Jahres 56 v. Chr. verteidigte Cicero P. Sestius in einem Prozess *de vi,* also wegen öffentlicher Gewaltanwendung. Sestius war vorgeworfen worden, als Tribun in den Wintermonaten des Jahres 57 v. Chr. an wüsten Ausschreitungen, die mit Mord und Totschlag geendet hatten, beteiligt gewesen zu sein. Tatsächlich waren diese Vorfälle von den Banden des Clodius, durch dessen Wirken Cicero in die Verbannung gehen musste, herbeigeführt worden. Clodius hatte nämlich mit allen Mitteln versucht, die Rückberufung Ciceros aus dem Exil zu verhindern. Der folgende Ausschnitt behandelt in drastischer Weise den Terror, der damals in Rom herrschte.

17 text

M. Tullius Cicero,
Pro Sest. 75–78

Bandenterror in Rom

75 Cum[1] omni mora, ludificatione, calumnia[2] senatus auctoritas impediretur, venit tandem in comitio[3] de me agendi[4] dies, VIII. Kal. Febr.[5] princeps rogationis[6], vir mihi amicissimus, Q. Fabricius, templum aliquanto ante lucem occupavit. Quietus[7] eo die Sestius, is qui est de vi reus[8]; actor hic defensorque causae meae[9] nihil progreditur[10], consilia exspectat inimicorum meorum.

75 **1 cum**: obwohl **2 omni mora, ludificatione, calumnia**: durch jede Art der Verzögerung, Verspottung und Schikane **3 in comitio**: bei der Volksversammlung (➤ K) **4 ago** 3, egi, actus: h. verhandeln **5 VIII. Kal. Febr.**: der 25. Jänner **6 princeps rogationis**: der erste Antragsteller **7 quietus**: erg. *erat* **8 de vi reus**: der Gewalttätigkeit angeklagt **9 causa mea**: meine Sache, mein Prozess **10 nihil progreditur**: geht nicht aus dem Haus

Quid? Illi, quorum consilio P. Sestius in iudicium vocatur[11], quo se pacto[12] gerunt? Cum forum, comitium, curiam multa de nocte armatis hominibus ac servis plerisque occupavissent, impetum faciunt in Fabricium, manus adferunt[13], occidunt non nullos, vulnerant multos.

76 Venientem in forum virum optimum et constantissimum[14], M. Cispium, tribunum plebis, vi depellunt, caedem in foro maximam faciunt, universique destrictis gladiis et cruentis[15] in omnibus fori partibus fratrem meum, virum optimum, fortissimum meique amantissimum, oculis quaerebant, voce poscebant[16]. Quorum ille telis libenter[17] in tanto luctu[18] ac desiderio mei non repugnandi, sed moriendi causa[19] corpus obtulisset suum, nisi suam vitam ad spem mei reditus reservasset. Subiit tamen vim[20] illam nefariam[21] consceleratorum latronum[22] et, cum ad fratris salutem a populo Romano deprecandam[23] venisset, pulsus e rostris[24] in comitio iacuit, seque servorum et libertorum corporibus obtexit[25], vitamque tum suam noctis et fugae praesidio non iuris iudiciorumque[26] defendit.

77 Meministis tum, iudices, corporibus[27] civium Tiberim compleri, cloacas refarciri[28], e foro spongiis effingi[29] sanguinem, ut omnes tantam illam copiam[30] et tam magnificum apparatum[31] non privatum aut plebeium, sed patricium et praetorium[32] esse arbitrarentur.

Nihil neque ante hoc tempus neque hoc ipso turbulentissimo[33] die criminamini Sestium[34]. Atque vis in foro versata[35] est. Certe; quando enim maior? Lapidationes[36] persaepe vidimus, non ita saepe, sed nimium tamen saepe gladios: caedem vero tantam, tantos acervos corporum exstructos[37], nisi forte illo Cinnano atque Octaviano die[38], quis umquam in foro vidit? Qua ex concitatione[39] animorum? Nam ex pertinacia aut constantia intercessoris[40] oritur

11 in iudicium vocare: vor Gericht laden **12 quo pacto** = *quomodo* **13 manus adferre**: handgreiflich werden
76 14 constans, -ntis: zuverlässig **15 destrictis gladiis et cruentis**: mit gezückten und blutigen Schwertern **16 voce poscere**: mit Geschrei (nach jem.) verlangen **17 quorum ille telis libenter ... corpus obtulisset**: deren Waffen hätte er sich gerne persönlich entgegengestellt **18 luctus**, -us m.: Trauer **19 non repugnandi, sed moriendi causa**: nicht um Widerstand zu leisten, sondern um zu sterben (Konstruktion?) **20 subiit ... vim**: er nahm die Gewalt hin **21 nefarius** 3: frevelhaft **22 conscelerati latrones**: verbrecherische Räuberbanden **23 ad salutem ... deprecandam**: um die Rettung zu erbitten (Konstruktion?) **24 pulsus e rostris**: von der Rednertribüne herabgestoßen (➤ Abb. 21) **25 obtego** 3, -texi, -tectus: bedecken, beschützen **26 iuris iudiciorumque**: erg. *praesidio*

Abb. 21: Münze des Lollius Palikanus (47 v. Chr.) mit der Darstellung der rostra. Deutlich sind die Schiffsschnäbel zu erkennen, nach denen die Rednertribüne ihren Namen erhielt. Österr. Archäologisches Institut.

77 27 corporibus ... etc.: AcI **28 cloacas refarciri**: (dass) die Abwässerkanäle vollgestopft wurden **29 spongiis effingere**: mit Schwämmen reinigen (vgl. engl. sponge) **30 copia**, -ae f.: h. Bande, Trupp (v. Bewaffneten) **31 apparatus**, -us m.: Ausrüstung **32 praetorius** 3: typisch für einen Prätor (➤ K) **33 turbulentus** 3: turbulent **34 nihil ... criminamini Sestium**: ihr macht Sestius keinen Vorwurf **35 versari** 1: existieren **36 lapidatio**, -onis f.: Steinwürfe **37 acervi corporum exstructi**: riesige Leichenhaufen **38 illo Cinnano atque Octaviano die**: an jenem Tag des Kampfes zwischen Cinna und Octavian (➤ K) **39 concitatio**, -onis f.: Erregung (*animorum* bleibt unübersetzt) **40 ex pertinacia aut constantia intercessoris**: aus der Hartnäckigkeit oder Festigkeit des Einspruch erhebenden Beamten

saepe seditio[41], culpa atque improbitate latoris[42] commodo aliquo proposito[43] imperitis aut largitione, oritur ex concertatione[44] magistratuum, oritur sensim[45] ex clamore primum, deinde aliqua discessione[46] contionis, vix sero et raro[47] ad manus pervenitur[48]: nullo vero verbo facto, nulla contione advocata, nulla lata lege[49] concitatam[50] nocturnam seditionem quis audivit[51]?

78 An veri simile[52] est, ut civis Romanus aut homo liber quisquam cum gladio in forum descenderit ante lucem, ne de me ferri pateretur[53], praeter eos, qui ab illo pestifero ac perdito cive[54] iam pridem rei publicae sanguine saginantur[55]? Hic iam de ipso accusatore quaero[56], qui P. Sestium queritur cum multitudine in tribunatu et cum praesidio magno fuisse, num illo die fuerit? Certe non fuit. Victa igitur est causa rei publicae, et victa non auspiciis[57], non intercessione[58], non suffragiis[59], sed vi, manu, ferro.

41 seditio, -onis f.: Unruhen **42 culpa atque improbitate latoris**: aus der Schuld und Unredlichkeit des Antragstellers **43 commodum ... proponere**: einen Vorteil versprechen **44 concertatio**, -onis f.: Wortwechsel **45 sensim**: allmählich **46 discessio contionis**: Gruppenbildung **47 sero et raro**: spät und selten **48 ad manus pervenitur**: es kommt zu Schlägereien **49 nulla lata lege**: ohne dass ein Gesetz eingebracht wurde **50 concito** 1: erregen, *concitatam*: erg. *esse* **51 quis audivit**: vorziehen!

78 52 veri simile: wahrscheinlich **53 ne de me ferri pateretur**: um eine Abstimmung über mich nicht zuzulassen **54 pestiferus ac perditus civis**: (ein) Unheil bringender und verworfener Mitbürger **55 sagino** 1: mästen (*saginantur*: medial: sich mästen) **56 queror** 3, questus sum: Klage erheben (davon abh.: AcI) **57 auspicium**, -i n.: Vorzeichen (➤ K) **58 intercessio**, -onis f.: Einspruch **59 suffragium**, -i n.: Abstimmung

17 Kommentar

M. Tullius Cicero,
Pro Sest. 75–78

75 in comitio: Es gab drei Arten der *comitia,* also der Volksversammlungen: die *comitia curiata,* denen in republikanischer Zeit nur mehr sakrale und zeremonielle Bedeutung zukam, die *comitia centuriata,* eine ursprünglich militärische Gliederung des Volkes, in der die *equites* die Mehrheit hatten und die über Gesetzesvorlagen *(leges)* abstimmte, und die *comitia tributa,* die nach Bezirken gegliedert waren und über Beschlüsse der *plebs (plebiscita)* abstimmten, die den Gesetzen gleichgestellt waren. Letztere sind hier gemeint, wobei jedoch zu beachten ist, dass *comitium* hier den Versammlungsplatz selbst (nordwestlicher Teil des Forums) bezeichnet.

Q. Fabricius: einer der acht Tribunen des Jahres 57 v. Chr. und Cicero freundlich gesinnt

76 M. Cispius: Volkstribun im Jahr 57 v. Chr., trat für Ciceros Rückberufung ein

fratrem meum: Q. Tullius Cicero (etwa 102–43 v. Chr.) war seinem Bruder bis auf wenige Ausnahmen treu verbunden und scheint keine unbedeutende Rolle in dessen politischen Entscheidungen gespielt zu haben. Er war 65 v. Chr. plebeischer Ädil, 62 v. Chr. Prätor (zusammen mit Caesar), er erhielt 61–58 v. Chr. die Provinz Asien als Statthalter, die er mit großer Gerechtigkeit verwaltete. Er setzte sich nachdrücklich für die Rückkehr seines Bruders aus der Verbannung ein. Später kämpfte er unter Caesar in Gallien. 51 v. Chr. begleitete er seinen Bruder in die Provinz, 49 v. Chr. trat er zusammen mit seinem Bruder auf die Seite des Pompeius über, 43 v. Chr. fand er gemeinsam mit seinem Sohn im Zuge der Proskriptionen den Tod. Eine Briefsammlung Ciceros *„Ad Quintum fratrem"* ist uns erhalten.

77 cloacas: Die systematische Kanalisation größerer und auch kleinerer Städte nahm erst im Hellenismus ihren Ursprung; früher wurden alle Abwässer einfach über die Straßen geleitet. Nach dem Vorbild der Stadt Rom wurde das Kanalsystem zahlreicher Provinzstädte angelegt. Roms größter Abwasserkanal war die *cloaca maxima,* die unter dem Forum Romanum durchlief und unterhalb der Aemilianischen Brücke in den Tiber mündete, wo ihre Mündung heute noch zu sehen ist.

praetorium: Die Anspielung gilt dem Bruder des Volkstribunen Clodius, dem Prätor Appius Claudius Pulcher. Cicero vermutet also eine Komplizenschaft der beiden Brüder.

illo Cinnano atque Octaviano die: Cicero meint damit eine Episode aus dem Bürgerkrieg zwischen Sulla und Marius: Nach Sullas Abzug in den Osten versuchte der Konsul L. Cornelius Cinna die über Marius verhängte Ächtung wieder aufzuheben; dabei kam es zwischen ihm und seinem Mitkonsul Cn. Octavius zu Kämpfen auf dem Forum. Cinna musste sich zurückziehen; er verbündete sich mit Marius und belagerte Rom. Mit der Übergabe der Stadt begann die Schreckensherrschaft von Marius und Cinna (87 v. Chr.).

intercessor: Jeder Amtsträger hatte das Vetorecht (Interzessionsrecht) gegenüber seinem Kollegen und gegenüber rangniedrigeren Beamten. Machte er davon Gebrauch, so musste eine Amtshandlung oder ein Gesetzesantrag unterbleiben. Die Volkstribunen hatten das Vetorecht gegenüber allen anderen Beamten sowie untereinander. Ciceros Ausführungen zeigen die politische Praxis: dickköpfiges Beharren auf dem Veto, Versprechungen von Vergünstigungen auf Seiten des Antragstellers, heftige Parteinahme in der Bevölkerung.

78 illo pestifero ... cive: Gemeint ist wieder P. Clodius Pulcher.

non auspiciis: Vor jeder wichtigen Staatshandlung mussten von dem leitenden Beamten Auspizien, also Vorzeichen (v. a. Vogelschau), eingeholt werden, die von den Auguren gedeutet wurden. Ungünstige Vorzeichen wurden meist zum Anlass genommen, um die Staatshandlung abzubrechen. Zu beachten ist auch, wie Cicero den drei offiziellen, friedlichen Gründen für die Niederlage des Staates (Vorzeichen, Einspruch und Abstimmung) die drei inoffiziellen (Gewalt, Handgreiflichkeiten, Waffengebrauch) gegenüberstellt.

17 Vertiefung

1 **a** Welche sachlichen Informationen über die furchtbaren Ereignisse gibt Cicero?
b Wie ist die Schilderung der Ereignisse aufgebaut?

2 Wie versucht Cicero, den Angeklagten zu entlasten? Welche Argumente führt er an?

3 Welchen rhetorischen Zweck verfolgen die Fragen in den Abschnitten 77 und 78?

4 Diskutiere in der Klasse das Thema „Gewaltanwendung zur Durchsetzung politischer Ziele"; berücksichtige dabei diese Stelle, bekannte Ereignisse aus der Geschichte (Ermordung Caesars, französische Revolution, russische Revolution) sowie aus der jüngsten Vergangenheit und Gegenwart (Holocaust, Terrorismus)!

„Pro Marcello“

Nach dem Sieg über Pompeius und seine Anhänger sah sich Caesar mit der Aufgabe konfrontiert, den durch den Bürgerkrieg zerrütteten Staat wieder in Ordnung zu bringen. Ende Juli 46 v. Chr. ging er, aus Afrika zurückgekehrt, sofort an die Reorganisation des Staates. Auch Cicero nahm wieder an den Senatssitzungen teil, ohne sich jedoch zu Wort zu melden. Er brach aber sein Schweigen, als der Diktator den Konsular M. Marcellus begnadigte. Dieser hatte sich während seines Konsulats (51 v. Chr.) aktiv gegen Caesar eingesetzt, ihm wurde aber nun, vor allem auf Antrag von Caesars Schwiegervater L. Piso, im September 46 v. Chr. verziehen. Cicero verfasste eine Dankesrede, in der er Caesars Milde preist, die größer als sein gewaltiger Kriegsruhm sei.

18 text

M. Tullius Cicero,
Pro Marc. 4,2–8

Caesars Ruhmestaten

4,2 Nullius tantum flumen est ingenii[1], nulla dicendi aut scribendi tanta vis, tantaque copia[2], quae non dicam[3] exornare, sed enarrare, C. Caesar, res tuas gestas[4] possit. Tamen hoc adfirmo et pace dicam tua[5], nullam in his esse laudem ampliorem[6] quam eam, quam hodierno die consecutus es.

5 Soleo saepe ante oculos ponere idque libenter crebris usurpare sermonibus[7], omnes[8] nostrorum imperatorum, omnes exterarum gentium potentissimorumque populorum, omnes regum clarissimorum res gestas cum tuis nec contentionum magnitudine[9] nec numero proeliorum nec varietate regionum nec celeritate conficiendi[10] nec dissimilitudine bellorum posse conferri[11], nec vero disiunctissimas terras[12] citius[13] passibus[14] cuiusquam potuisse peragrari[15] quam tuis non dicam cursibus[16], sed victoriis[17] lustratae[18] sunt.

6 Quae quidem ego nisi[19] ita magna esse fatear, ut ea vix cuiusquam mens aut cogitatio[20] capere possit, amens[21] sim; sed tamen sunt alia maiora. Nam bellicas laudes[22] solent quidam[23] extenuare[24] verbis easque detrahere[25] ducibus, communicare[26] cum multis, ne propriae[27] sint imperatorum. et certe in armis militum virtus,

4,2 **1 Nullius tantum flumen est ingenii**: kein Genie hat eine solche dichterische Begabung **2 copia**,-ae f.: h. Ausdrucksvermögen **3 non dicam**: ich will nicht sagen **4 res tuas gestas**: deine Taten **5 pace ... tua**: mit deinem Einverständnis **6 amplus** 3 = *magnus* 3

5 **7 crebris usurpare sermonibus**: in häufigen Gesprächen erwähnen **8 omnes**: zu *res gestas* (➤ 4) **9 contentionum magnitudine**: hinsichtlich der Größe der Auseinandersetzungen **10 celeritate conficiendi**: hinsichtlich der schnellen Erledigung **11 conferre**: vergleichen **12 disiunctissimae terrae**: die am weitesten auseinander liegenden Länder **13 citius** (adv.): schneller **14 passus**, -us m.: (Doppel-)Schritt **15 peragro** 1: durchwandern **16 cursus**, -us m.: Eilmarsch **17 victoria**, -ae f.: h. Siegesmarsch **18 lustro** 1: besuchen

6 **19 nisi**: an die Spitze des Satzes stellen! **20 mens aut cogitatio**: vernunftmäßige Überlegung (Hendiadyoin, ➤ rhet. Stilmittel, S. 122!) **21 amens**, -ntis: wahnsinnig **22 bellicae laudes**: Kriegsruhm **23 quidam** (pl.): Subjekt! **24 extenuo** 1: schmälern **25 detraho** 3, -traxi, -tractus: h. absprechen **26 communico** 1: aufteilen auf *(cum)* **27 propriae**: h. Eigentum

locorum opportunitas[28], auxilia sociorum, classes, commeatus[29] multum iuvant, maximam vero partem quasi suo iure[30] Fortuna[31] sibi vindicat[32] et, quicquid est prospere gestum[33], id paene omne ducit suum[34].

7 At vero huius gloriae, C. Caesar, quam es paulo ante adeptus[35], socium[36] habes neminem[37]: totum hoc, quantumcumque[38] est, quod certe maximum est, totum est, inquam[39], tuum[40]. Nihil sibi ex ista laude centurio[41], nihil praefectus[42], nihil cohors, nihil turma[43] decerpit[44]; quin[45] etiam illa ipsa rerum humanarum domina, Fortuna, in istius se societatem gloriae non offert[46]: tibi cedit[47], tuam[48] esse totam et propriam fatetur. Numquam enim temeritas[49] cum sapientia commiscetur nec ad consilium casus[50] admittitur.

8 Domuisti[51] gentes[52] immanitate barbaras, multitudine innumerabiles[53], locis infinitas[54], omni copiarum genere abundantes[55]: ea tamen vicisti, quae et naturam et condicionem[56], ut vinci possent, habebant. Nulla est enim tanta vis, quae non ferro et viribus debilitari[57] frangique possit. Animum[58] vincere[59], iracundiam cohibere[60], victo temperare[61], adversarium nobilitate, ingenio, virtute praestantem non modo extollere iacentem[62], sed etiam amplificare[63] eius pristinam dignitatem, haec qui faciat[64], non ego eum cum summis viris comparo, sed simillimum deo iudico[65].

28 locorum opportunitas: das günstige Gelände **29 commeatus**, -us m.: Nachschub **30 suo iure**: nach eigenem Anspruch **31 Fortuna**, -ae f.: die Glücksgöttin (*Fortuna* kann unübersetzt bleiben!) **32 sibi vindicare**: für sich fordern **33 prospere gerere**: glücklich kämpfen **34 id paene omne ducit suum**: das hält sie beinahe alles für ihr Eigentum

7 **35 adipiscor** 3, adeptus sum: erlangen **36 socius**, -i m.: h. Teilhaber **37 neminem** = *nullum* **38 quantumcumque**: wie viel auch immer **39 inquam**: kann unübersetzt bleiben („will ich sagen") **40 totum est ... tuum**: das Ganze gehört dir **41 centurio**, -onis m.: Zenturio (Hauptmann) **42 praefectus**, -i m.: Präfekt (höherer Offizier) **43 turma**, -ae f.: Schwadron (Reiterabteilung) **44 decerpo** 3, -cerpsi: abpflücken, herausnehmen **45 quin**: ja sogar **46 in istius se societatem gloriae non offert**: bietet sich nicht als Teilhaberin an diesem Ruhmestitel an **47 tibi cedit**: sie tritt hinter dich zurück **48 tuam** etc: erg. *gloriam* **49 temeritas**, -atis f.: das Geratewohl **50 casus**, -us m: der blinde Zufall (Variatio zu *temeritas*!)

8 **51 domo** 1, -ui, -itus: bezähmen **52 gentes immanitate barbaras**: ungeheure Barbarenstämme **53 multitudine innumerabiles**: unzählbar in ihrer Menge (auf *gentes* bezogen) **54 locis infinitas**: unbegrenzt an räumlicher Ausdehnung **55 abundo** 1: Überfluss haben **56 condicio**, -onis f.: Beschaffenheit **57 debilito** 1: schwächen **58 animus**, -i m.: h. Erregtheit **59 vincere** und die übrigen Infinitive: mit „zu" übersetzen **60 cohibeo** 2: zügeln **61 tempero** 1 + dat.: schonen **62 extollere iacentem**: den am Boden Liegenden aufheben **63 amplifico** 1: vermehren **64 haec qui faciat**: wer das tut (Konstruktionsbruch!) **65 simillimum deo iudico**: setze ich einem Gott gleich

18 kommentar

M. Tullius Cicero,
Pro Marc. 4,2–8

5 **soleo saepe ante oculos ponere ...**: Cicero war sich, wie jeder andere seiner Zeitgenossen und Nachfahren, des überragenden militärischen Genies Caesars vollauf bewusst. Obwohl sein Verhältnis zu dem Diktator immer äußerst zwiespältig war und Cicero die Ermordung Caesars als Triumph der Republik ansah, hatte er schon einmal, nämlich zehn Jahre zuvor, Caesars kriegerische Leistungen in den Himmel gehoben, und zwar im Mai 56 v. Chr., als es darum ging, Caesars Statthalterschaft in Gallien zu verlängern (prov. cons. 32, 33 gek.):

> Der gallische Krieg ist unter dem Feldherrn Caesar geführt, vorher freilich nur abgewehrt worden [...] Ich sehe, dass Caesar eine ganz andere Vorgangsweise verfolgte: Denn er glaubte nicht nur mit denen, die er schon bewaffnet gegen das Volk sah, Krieg führen zu müssen, sondern ganz Gallien unter unsere Herrschaft zu bringen. Darum kämpfte er mit den wildesten und größten Stämmen der Germanen und

Helvetier äußerst glücklich in der Schlacht, die übrigen versetzte er in Schrecken, trieb sie zusammen, bezähmte sie, gewöhnte sie daran, der Herrschaft des römischen Volkes zu gehorchen, und Gebiete und Völker, die uns vorher keine schriftlichen Mitteilungen, keine Erzählung, kein Gerücht bekannt gemacht hatten, die haben unser Feldherr und unser Heer und die Waffentaten des römischen Volkes durchstreift.

6 **Fortuna**: Der Kult der Glücksgöttin war in Rom weit verbreitet; es gab verschiedene Tempel und Kultstätten, die Göttin wurde meist mit dem Füllhorn und dem Steuerrad dargestellt. Als besonders vom Glück abhängig galten die Seefahrt (daher das Steuerrad) und die Kriegsführung. Ein guter *imperator* musste neben all seinen anderen Eigenschaften auch *fortunatus*, also vom Glück begünstigt sein. Bei Caesar war das offensichtlich der Fall, eine Eigenschaft, die Cicero hier jedoch negativ auslegt: Caesar habe eben oft Glück gehabt, seine wahren Verdienste lägen jedoch in seiner Milde den Feinden gegenüber.

8 **animum vincere, iracundiam cohibere**: Obwohl Cicero selbst nicht der – populären – stoischen Philosophie angehörte, welche die Unerschütterlichkeit *(Ataraxie)* des Menschen in allen Lebenslagen predigte, klingen hier doch Elemente stoischen Denkens durch, wie sie Cicero selbst beschreibt (Tusc. disp. V 16):

Jenen, den wir von Lüsten entflammt und rasend sehen und der mit unersättlicher Begehrlichkeit alles gierig an sich reißt und der, je reichlicher er von allen Seiten die Genüsse schöpft, desto schlimmer und brennender dürstet, werden wir den nicht mit Recht überaus unglücklich nennen?

Über die Gefährlichkeit des Zorns schreibt der stoische Philosoph Seneca (4 v. Chr.–65 n. Chr.) in seinem Werk „*De ira*“ (c. 13):

Kämpfe mit dir selbst! Wenn du den Zorn besiegen willst, kann nicht er dich besiegen! Du beginnst zu siegen, wenn er unterdrückt wird, wenn ihm kein Ausweg gelassen wird. Begraben wir seine Anzeichen und halten wir ihn, soweit es machbar ist, geheim und verborgen! Das ist mit großer Belästigung für uns verbunden, er wünscht nämlich herauszuspringen und die Augen zu entflammen und das Antlitz zu verändern; aber wenn es ihm gestattet ist, aus uns herauszutreten, ist er uns überlegen.

amplificare eius pristinam dignitatem: Cicero meint damit, dass der Konsular Marcellus nun auf Grund seines Alters in der Rangordnung der Senatoren ganz nach oben rückt.

simillimum deo: Tatsächlich wurden Caesar noch zu Lebzeiten göttliche Ehren zuteil. So schreibt der Biograf Sueton (geboren ca. 70 n. Chr., Todesdatum unbekannt) in seiner Lebensbeschreibung Caesars (Div. Jul. 76):

[…] er ließ es auch geschehen, dass man ihm Ehren zuerkannte, welche jedes vernünftige Maß menschlicher Würde überschritten: den goldenen Sessel im Senat und bei Gericht, einen Götterwagen mit einer Tragbahre darauf für seine bei der Prozession im Zirkus mit den Götterbildern aufgeführte Statue, Tempel, Altäre, Aufstellung seines Bildnisses neben den Götterbildern, einen Platz an der für die Götter bestimmten Festtafel, einen eigenen Kultpriester, eine eigene Klasse von Priestern des Pan und die Benennung eines Monats nach seinem Namen.

18 Vertiefung

1 Welche Besonderheiten der kriegerischen Leistungen Caesars erwähnt der Redner? Gliedere diese in einer tabellarischen Übersicht!

2 **a** Wie setzt Cicero Caesars Milde in Kontrast zu seinem Kriegsruhm?

b Welche rhetorischen Mittel benützt Cicero zu dieser Kontrastierung?

3 Welche Eigenschaften sieht Cicero als „gottähnlich“ an?

4 Welche der von Cicero angesprochenen Wertvorstellungen sind auch heute noch von Bedeutung? Was siehst du als die wertvollste Eigenschaft eines großen Menschen an?

„In M. Antonium“

Abb. 22: Denar des Marcus Antonius *(geprägt um 32 v. Chr.). Die stark vergröberten Züge lassen dennoch gut den von Cicero beschriebenen leidenschaftlichen und unberechenbaren Charakter erkennen. Österr. Archäologisches Institut.*

Nach der Ermordung Caesars hatten es die Republikaner verabsäumt, die Macht im Staate in ihre Hand zu bekommen. Stattdessen verstand es Caesars ehemaliger Mitkonsul, Marcus Antonius, innerhalb weniger Monate, bis zum Sommer 44 v. Chr., sich eine bemerkenswerte Machtstellung zu verschaffen und die Stadt Rom sowie auch den Senat zu beherrschen. Als jedoch der 19-jährige C. Octavius, Caesars Großneffe, Erbe und Adoptivsohn, seine Rechte geltend machte und Antonius dies zunächst ignorierte, sah es so aus, als könnte die Republik wiederhergestellt und die Alleinherrschaft des Marcus Antonius beseitigt werden.

Cicero, der Zeit seines Lebens die Sache der Republik zu seiner eigenen gemacht hatte, versuchte nun, den wie gelähmt untätig wartenden Senat zum Kampf gegen Antonius und für die Wiederherstellung der alten Freiheit zu gewinnen. Er begleitete seine Maßnahmen durch die Abfassung von 14 leidenschaftlichen Reden gegen Marcus Antonius (von September 44 bis April 43 v. Chr.). Sie erhielten den Namen „Philippische Reden“ oder „Philippika“ nach den Reden, die der berühmte griechische Redner Demosthenes von 351 bis 341 v. Chr. gegen den die athenische Freiheit bedrohenden König Philipp II. von Makedonien gehalten hatte.

Die 2. Philippika, aus der hier ein Ausschnitt vorliegt, wurde tatsächlich nie gehalten, sondern vermutlich erst nach Ciceros Tod veröffentlicht. Sie ist eine heftige Invektive und beleuchtet in drastischer Weise die Biografie und das Wirken des Marcus Antonius bis unmittelbar nach Caesars Tod. Eine der bekanntesten Stellen behandelt die versuchte Überreichung des Königsdiadems an Caesar einen Monat vor dessen Ermordung:

19 text

M. Tullius Cicero,
Phil. II 85–87

Die versuchte Krönung Caesars

85 Sedebat[1] in rostris collega tuus amictus[2] toga purpurea, in sella aurea, coronatus[3]. Escendis[4], accedis ad sellam – ita eras Lupercus[5], ut[6] te consulem esse meminisse deberes – diadema[7] ostendis. Gemitus toto foro. Unde diadema? Non enim abiectum[8]

85 **1 sedebat**: Da saß also … **2 amicio** 4: anlegen, umhüllen **3 coronatus** 3: bekränzt **4 escendo** 3, escendi, escensus: hinaufsteigen **5 Lupercus**: Faschingsnarr (➤ K) **6 ita eras … ut**: warst du auch … so hättest du **7 diadema**, -atis n.: Königsbinde, Diadem (➤ K) **8 abicio** 3M -ieci, -iectus: wegwerfen

lage seiner Alleinherrschaft gemacht: Er war nach seiner Rückkehr aus Spanien im Oktober 45 v. Chr. zum Diktator auf Lebenszeit ernannt worden, nachdem er im Jahr zuvor die Diktatur auf zehn Jahre erhalten hatte.

L. Tarquinius exactus: L. Tarquinius Superbus war der Sage nach der letzte König Roms (534–510 v. Chr.). Seine Gewalttätigkeiten führten schließlich zu seinem Sturz durch Brutus und zum Ende der Königsherrschaft.

Sp. Cassius, Sp. Maelius, M. Manlius necati: Sp. Cassius Vecellinus war dreimal Konsul von 502–486 v. Chr. und wurde wegen seines Strebens nach dem Königtum hingerichtet, auch Sp. Maelius, der 439 v. Chr. von dem *magister equitum* C. Servilius Ahala getötet wurde, habe die Königswürde angestrebt; M. Manlius Capitolinus, der berühmte Verteidiger des Kapitols gegen die Kelten (390 v. Chr., kapitolinische Gänse), sei 384 v. Chr. wegen seines Strebens nach der Alleinherrschaft rechtmäßig hingerichtet worden.

19 Vertiefung

1 Fasse die geschilderten Tatsachen zusammen und vergleiche sie mit dem Bericht bei Plutarch (➤ K): Welcher Autor ist ausführlicher, welcher beschränkt sich mehr auf das Wesentliche? Was unterscheidet die Blickwinkel der beiden Autoren? (Beachte auch den unterschiedlichen zeitlichen Abstand!)

2 **a** Gliedere die Stelle in zwei Teile! Wodurch unterscheiden sich die Teile, wo ist die Trennungslinie anzusetzen?

b Welchen Eindruck bezweckt Cicero mit den beiden Teilen beim Leser?

3 Untersuche die Fragesätze in dieser Stelle: Um welche Arten von Fragen handelt es sich? Wozu werden sie eingesetzt?

4 Warum, glaubst du, hat Caesar die Königswürde abgelehnt?

5 **a** Wie sieht Cicero die Ablehnung des Diadems durch Caesar?

b Wie stellt er das Verhalten des Marcus Antonius dar?

T. Livius: Ciceros Tod

Der augusteische Historiker Livius (59 v.–17. n. Chr.) berichtet im 120. Buch seiner nur teilweise erhaltenen römischen Universalgeschichte *„Ab urbe condita"* von der Hinrichtung Ciceros. Die knappe Erzählung ist dreiteilig gehalten: die Flucht, die Ermordung und Livius' Nachruf auf den großen Redner, worin er zwar seine Bewunderung zum Ausdruck bringt, aber doch auch offen Kritik am Menschen Cicero äußert.

Zur Vorgeschichte

Das 2. Triumvirat wurde im Frühjahr 43 v. Chr. nahe Bologna geschlossen. Der junge Octavian, auf den sich Ciceros ganze Hoffnung zur Wiederherstellung der Republik nach Caesars Ermordung gestützt hatte, sah sich plötzlich bereit, die Macht mit Marcus Antonius (und dem politisch unbedeutenden Lepidus) zu teilen (➤ auch Einleitung zu T19, S. 63). Das erste, was die drei Männer taten, war eine Proskriptionsliste (Ächtungsliste) mit zweihundert Namen ihrer Gegner zu erstellen, wobei jeder von ihnen auch bereit sein musste, die eigenen Freunde zu opfern. Octavian kämpfte zwei Tage lang für das Leben Ciceros, doch Antonius, der in Cicero – wohl mit Recht – seinen erbittertsten Feind sah, blieb hart. Am dritten Tag gab Octavian schließlich nach. Das Schicksal der Proskribierten war besiegelt.

20 text

T. Livius,
a. u. c. frag. lib. CXX

Ciceros Tod

Zum leichteren Verständnis ist dem folgenden Text anstelle eines Sprachkommentars eine durchgehende Übersetzung zur Seite gestellt.

M. Cicero sub adventum triumvirorum cesserat urbe pro certo habens, id quod erat, non magis Antonio eripi se quam Caesari Cassium et Brutum posse. Primo in Tusculanum fugit transversis itineribus, inde in Formianum – ut ab Caieta navim conscensurus – proficiscitur. Unde aliquotiens in altum provectum cum modo venti adversi rettulissent, modo ipse iactationem navis caeco volvente fluctu pati non posset, taedium tandem eum et fugae et vitae cepit. Regressusque ad superiorem villam, quae paulo plus mille passibus a mari abest, „Moriar“, inquit, „in patria saepe servata.“

Satis constat servos fortiter fideliterque paratos fuisse ad dimicandum; ipsum deponi lecticam et quietos pati, quod sors iniqua cogeret, iussisse. Prominenti ex lectica praebentique immotam cervicem caput praecisum est. Nec satis stolidae crudelitati militum fuit. Manus quoque, scripsisse in Antonium aliquid exprobrantes, praeciderunt. Ita relatum caput ad Antonium iussuque eius inter duas manus in rostris positum, ubi ille consul, ubi saepe consularis, ubi eo ipso anno adversus Antonium, quanta nulla umquam humana vox, cum admiratione eloquentiae auditus fuerat. Vix attollentes prae lacrimis oculos homines intueri trucidata eius membra poterant.

Cicero hatte noch vor der Ankunft der Triumvirn Rom verlassen, in der sicheren – und berechtigten – Überzeugung, sich genauso wenig Antonius entziehen zu können, wie Brutus und Cassius es gegenüber Octavian konnten. Zuerst floh er, auf Umwegen, in sein Tusculanum, darauf brach er in sein Formianum auf – weil er von Caieta aus ein Schiff besteigen wollte. Von dort fuhr er ein paar Mal aufs Meer hinaus; aber als ihn einmal widrige Winde zurücktrieben, und er ein anderes Mal das Schaukeln des Schiffes auf dem trägen Wellengang nicht ertragen konnte, erfasste ihn schließlich Ekel sowohl vor der Flucht als auch vor dem Leben. Zu seiner höher gelegenen Villa, die wenig mehr als eine Meile vom Meer entfernt lag, zurückgekehrt, sagte er: „Ich will in meiner Heimat sterben, die ich so oft errettet habe."

Es gibt keinen Zweifel, dass seine Sklaven in Treue und Tapferkeit bereit waren zu kämpfen; er selbst habe aber befohlen, die Sänfte nieder zu stellen, und in Ruhe abzuwarten, wozu sie das ungerechte Schicksal zwingen werde. Er streckte sich aus der Sänfte hinaus und bot unbewegt seinen Nacken dar: Da wurde ihm der Kopf abgeschlagen. Aber nicht genug damit der dumpfen Grausamkeit der Soldaten: Sie hackten auch die Hände ab, mit Beschimpfungen, diese „hätten etwas gegen Antonius geschrieben". So wurde das Haupt zu Antonius gebracht und auf seinen Befehl zwischen den beiden Händen auf den *rostra* zur Schau gestellt, wo jener als Konsul, wo er oft als Konsular, wo er in genau diesem Jahr gegen Antonius wie niemals zuvor eine andere menschliche Stimme unter Bewunderung seiner Eloquenz gehört worden war. Kaum waren die Menschen imstande, vor Tränen ihre Blicke zu erheben und die verstümmelten Körperteile anzuschauen.

Vixit tres et sexaginta annos, ut, si vis abfuisset, ne immatura quidem mors videri possit: ingenium et operibus et praemiis operum felix; ipse fortunae diu prosperae, et in longo tenore felicitatis magnis interim ictus vulneribus, exilio, ruina partium, pro quibus steterat, filiae morte, exitu tam tristi atque acerbo, omnium adversorum nihil, ut viro dignum erat, tulit praeter mortem: quae vere aestimanti minus indigna videri potuit, quod a victore inimico nil crudelius passus erat, quam quod eiusdem fortunae compos ipse fecisset. Si qui tamen virtutibus vitia pensarit, vir magnus, acer, memorabilis fuit, et in cuius laudes persequendas Cicerone laudatore opus fuerit.

Er lebte dreiundsechzig Jahre: Damit könnte sein Tod, wenn nur die Gewaltanwendung gefehlt hätte, als nicht verfrüht erscheinen; seine hohe Begabung war reich an Leistungen und dem Lohn für diese Leistungen; er selbst erfreute sich eines langen glücklichen Lebens, doch in der Dauer seines Glücks wurde er immer wieder von schweren Wunden getroffen, von der Verbannung, dem Zusammenbruch der politischen Richtung, für die er eingetreten war, dem Tod seiner Tochter, und einem so beschämenden und bitteren Tod; von all den Widrigkeiten ertrug er nichts so, wie es eines Mannes würdig war, außer dem Tod: Auch dieser muss einem kritischen Beobachter weniger würdelos erscheinen, weil er von seinem siegreichen Feind nichts Grausameres zu erleiden hatte, als was Cicero jenem angetan hätte, wenn er in derselben Machtposition gewesen wäre. Wägt man freilich seine guten gegen seine schlechten Eigenschaften ab, so war er ein großer, brillanter, denkwürdiger Mann, für dessen Lob man einen Cicero als Lobredner brauchen würde.

T. Livius,
a. u. c. frag. lib. CXX

20 Kommentar

4 Cassium et Brutum: Die Caesarmörder waren nicht imstande gewesen, nach dem Attentat die Weichen zur Rückkehr zu einer verfassungsmäßigen Staatsform zu stellen; zwei Jahre nach der Ermordung Caesars wurden sie und ihr Heer bei Philippi in Griechenland von Octavian und Antonius geschlagen und gaben sich selbst den Tod.

5 f. Tusculanum, Formianum: Zwei der Landgüter Ciceros in der Nähe Roms; vor allem das Tusculanum hatte Cicero sehr geliebt und ihm in seinem philosophischen Werk *„Tusculanae disputationes"* ein Denkmal gesetzt.

6 Caieta: heute Gaeta, eine Hafenstadt in Latium

16 fortiter fideliterque: Nur gute Herren konnten von ihren Sklaven erwarten, dass diese für sie kämpfen würden, da sie nur den Tod zu erwarten hatten.

30 prae lacrimis: Der griechische Biograf Plutarch (50–125 n. Chr.) fügt in seiner noch detaillierteren Schilderung von Ciceros Ende hinzu:

> ... ein scheußlicher Anblick für die Römer, die freilich nicht Ciceros Antlitz zu sehen glaubten, sondern ein Abbild der Seele des Antonius.

38 f. exilio, ruina partium, ... filiae morte: Das Exil (die Verbannung) fand auf Antrag des Volkstribunen P. Clodius Pulcher im Jahre 58 v. Chr. statt. Es wurde wegen der – angeblich illegalen – Hinrichtung der Catilinarier ausgesprochen und traf Cicero trotz seiner völligen Rehabilitierung im Jahr darauf sehr schwer. – Die hier angesprochene politische Gruppierung sind die Optimaten (➤ Einführung, S. 1 f.) – bedeutete schon das Triumvirat von 60 v. Chr. die de facto Entmachtung des Senats, so wurde durch den Bürgerkrieg zwischen Caesar und Pompeius und Caesars

Triumph das Schicksal der Senatspartei besiegelt. Im Übrigen war Cicero nicht immer Optimat gewesen; am Anfang seiner Karriere stand er, so wie auch Pompeius, den Popularen wesentlich näher. – Der Tod seiner außerordentlich geliebten Tochter Tullia im Februar 45 v. Chr. war für Cicero ein sehr harter Schicksalsschlag. Tullia war gegen den Willen ihres Vaters mit dem charakterlich fragwürdigen Dolabella verheiratet, hatte sich aber im Winter 46, als sie bereits zum zweiten Mal schwanger war, von ihm scheiden lassen; sie starb nach der Geburt des Kindes im Wochenbett – das Schicksal zahlreicher Frauen bis ins 19. Jh. hinein. Cicero suchte nach ihrem Tod Trost im Verfassen einer Reihe philosophischer Schriften.

48 f. **Cicerone laudatore**: Der Schlusssatz klingt uns heute ironisch und ist wohl auch zweideutig gemeint: Cicero galt als der begnadetste Redner aller Zeiten, der seinesgleichen nicht kannte, aber auch von seinen Qualitäten durchaus überzeugt war.

20 Vertiefung

1. Vergleiche die Schlusssätze der drei Teile des Textes: Wie fassen sie jeweils den Inhalt des Absatzes pointiert zusammen?
2. Wie ist es möglicherweise zu erklären, dass Livius so kritisch gegenüber Ciceros tragischem Schicksal ist? (Bedenke die Zeit und den Herrscher, unter dem er schrieb!)
3. Wie erscheint dir selbst, nach der Lektüre der Ausschnitte aus Ciceros Reden, das Urteil des Livius? Was müsste man dazu noch wissen, um es genauer nachvollziehen zu können?

MACHTPOLITIK DER KAISERZEIT
Aus den Schriften des Tacitus

Der Autor

Cornelius Tacitus (ca. 50–120 n. Chr.) – sein Vorname, Gaius oder Publius, ist uns nicht genau überliefert – war der bedeutendste römische Historiker. Er verfasste seine Schriften vor allem unter der glücklichen Herrschaft des Kaisers Trajan, der es ihm ermöglichte, seine oft kritische Meinung ehrlich und offen zu äußern.

Tacitus stammte wohl aus der Provincia Gallia Narbonensis, der heutigen Provence, und gehörte damit zu jenem Provinzadel, der unter den frühen Kaisern durch seine eigene Tüchtigkeit zu großen Ehren aufstieg.

Er durchlief den üblichen *cursus honorum*, also die Ämterlaufbahn, 97 n. Chr. war er Konsul. Unter Trajan verwaltete er wohl in den Jahren 112/113 als Prokonsul die Provinz Asia, was als besondere Ehre galt.

Er starb unter der Regierung Hadrians um 120 n. Chr.

Das Werk

Tacitus' Werk umfasst zunächst einmal drei kleinere Schriften, *„Agricola“* (die Biografie seines Schwiegervaters, die uns interessante Einblicke in die von Agricola verwaltete Provinz *Britannia* bietet); *„Germania"*, eine Monografie über die Lebensweise der *libera Germania*, vielleicht als Gegenbild zum Sittenverfall der Römer; ferner den *„Dialogus de Oratoribus"*, ein geistvolles Gespräch über den Verfall der lateinischen Redekunst in der Kaiserzeit.

Die beiden historischen Hauptwerke sind jedoch die „Historien" (Zeitgeschichte) und die „Annalen" (Geschichte, die Tacitus selbst nicht erlebt hatte). Beide Werke sind nicht vollständig überliefert, geben aber faszinierende Einblicke in das Leben und Wirken der römischen Kaiser vom zweiten römischen Kaiser Tiberius bis zu den Prinzenjahren des Titus.

In seiner politischen Haltung war Tacitus einer der letzten überzeugten Anhänger der *libertas*, der Freiheit der alten Republik, wie sie vor den Kaisern bestanden hatte, obwohl er sie natürlich nicht mehr erlebt hatte (Augustus, der erste römische Kaiser, trat sein Amt 27 v. Chr. an!).

Obgleich Tacitus in einem berühmt gewordenen Wort *sine ira et studio*, also „ohne Hass und Parteinahme" (ann. I 1), die Geschichte der Kaiser schildern will, bedeutet dies für ihn nur, keine persönlichen Gefühle zu haben, nicht Kritiklosigkeit oder moderne wissenschaftliche Objektivität. Er sieht darum die Kaiser allesamt durch die Brille eines entschiedenen Gegners des Prinzipats (der Kaiserherrschaft), was seinen Werken einen düsteren, pessimistischen Grundzug verleiht. Daraus ist auch verständlich, dass er gerade den zahlreichen – gewaltsamen – Todesfällen im Kaiserhaus breiten Raum widmet und keinen Zweifel daran lässt, dass die Kaiser des julisch-claudischen Hauses (von Augustus bis Nero) ihre Staatsgeschäfte vor allem durch persönliche Macht- und Familienpolitik betrieben, und für die gesetzmäßigen Organe, wie den Senat, nur mehr die Rolle der Erfüllungsgehilfen übrig blieb.

Die Sprache des Tacitus ist, oft an sein großes Vorbild Sallust angelehnt, stark geprägt von einer feierlichen Erhabenheit, von stark rhythmisiertem Satzbau und vor allem der sog. Inkonzinnität

Abb. 23: *Detail aus der* ***„Ara Pacis"*** *(➤ ET2; 13–9 v. Chr.), Rom. Das Relief an einer Seitenwand zeigt die Opferprozession der kaiserlichen Familie bei der Einweihungsfeier des Friedensaltars.*

(Fehlen des Zusammenklangs), d. h. einer bewussten Abkehr von dem rhetorisch durchformulierten Stil der lateinischen Klassik, also vor allem Ciceros. Die absichtlich komplizierte Kunstprosa des Autors ist damit recht schwierig zu lesen: Tacitus war lange Zeit der letzte lateinische Autor, der in der Schule übersetzt wurde.
Die folgenden vier Stellen sind Ausschnitte aus Tacitus' Hauptwerk, den „Annalen" (➤ T21–23). Die romkritische Rede des Calgacus entstammt der Biografie seines Schwiegervaters Agricola.

21 text

Cornelius Tacitus, ann. 1; 9–10

„Totengericht" über Augustus

Als Augustus (63 v. Chr.–14 n. Chr.) stirbt, geht die glanzvollste Ära der frühen römischen Kaiser zu Ende. Augustus hatte es verstanden, das durch Jahrzehnte des Bürgerkriegs zerrüttete Reich wieder zu festigen und neu aufzubauen, die Verwaltung zu reformieren, die Infrastruktur zu verbessern und Kunst, Religion und Kultur zu fördern. Tacitus erwähnt davon sehr wenig, da sein Werk ja erst mit dem Tod des Augustus – *„Ab excessu divi Augusti"* – beginnt, sieht jedoch auch bei diesem ersten Kaiser vor allem den Verlust der Freiheit.

Durch den, von ihm oft angewandten, Kunstgriff der *rumores* (Volksgerede, Gerüchte) stellt er nun die positiven Seiten des Herrschers den negativen gegenüber, wobei es bezeichnend ist, dass die kritischen Anmerkungen zum Schluss erfolgen.

Positive Urteile

1,9 Multus hinc ipso de Augusto sermo[1], plerisque vana mirantibus[2]: quod[3] idem dies[4] accepti quondam imperii princeps et vitae supremus, quod Nolae[5] in domo et cubiculo, in quo pater eius Octavius, vitam finivisset. Numerus etiam consulatuum celebrabatur, quo Valerium Corvum et C. Marium simul aequaverat[6], continuata[7] per septem et triginta annos tribunicia potestas[8], nomen imperatoris semel atque vicies partum[9] aliaque honorum[10] multiplicata aut nova. At apud prudentes vita eius varie extollebatur arguebaturve[11]. Hi[12] pietate[13] erga parentem et necessitudine[14] rei publicae, in qua nullus tunc legibus locus, ad arma civilia actum[15], quae neque parari possent neque haberi per bonas artes[16]. Multa Antonio, dum interfectores[17] patris ulcisceretur[18], multa Lepido concessisse[19]. Postquam hic socordia[20] senuerit[21], ille per libidines pessum[22] datus sit, non aliud discordantis patriae remedium[23] fuisse, quam

1,9 **1 multus ... sermo** (Sperrung): viel Gerede (➤ auch K) **2 plerisque vana mirantibus** (abl. abs.): wobei die meisten nur über Belangloses staunten **3 quod** (fakt. *quod*): dass (statt AcI) **4 idem dies**: erg. *fuisset* **5 Nolae**: in Nola (Stadt in Kampanien) **6 aequo** 1: h. erreichen **7 continuo** 1: fortdauernd ausüben **8 tribunicia potestas**: die tribunizische Gewalt (➤ K) **9 semel atque vicies partum**: 21-mal erworben **10 alia honorum** = *alii honores* **11 vita eius extollebatur arguebaturve**: sein Leben wurde gerühmt oder kritisiert **12 hi**: erg. *dicebant* (+ AcI) **13 pietas**, -atis f.: Zuneigung, (unerotische) Liebe **14 necessitudo**, -inis f.: Notlage **15 ad arma civilia agi**: zum Bürgerkrieg getrieben werden **16 per bonas artes**: durch anständige Mittel **17 interfectores patris**: die Mörder seines Adoptivvaters (= Caesars) **18 ulciscor** 3, ultus sum: rächen **19 concedo** 3, -cessi, -cessum: zugestehen **20 socordia**, -ae f.: Untätigkeit **21 senesco** 3, senui: alt werden **22 pessum dare**: zu Grunde richten **23 discordantis patriae remedium**: Heilmittel für den zerrissenen Staat

ut ab uno regeretur. Non regno tamen neque dictatura, sed principis nomine constitutam[24] rem publicam; mari Oceano aut amnibus[25] longinquis saeptum imperium[26]; legiones provincias classes, cuncta inter se conexa; ius apud cives, modestiam aput socios; urbem ipsam magnifico ornatu; pauca admodum vi tractata[27], quo ceteris quies esset.

Negative Urteile

1,10 Dicebatur contra: pietatem erga parentem et tempora rei publicae obtentui sumpta; ceterum cupidine dominandi concitos per largitionem veteranos, paratum ab adulescente privato exercitum, corruptas consulis legiones, simulatam Pompeianarum gratiam partium.

Mox ubi decreto patrum fasces et ius praetoris invaserit, caesis Hirtio et Pansa, sive hostis illos, seu Pansam venenum vulneri adfusum, sui milites Hirtium et machinator doli Caesar abstulerat, utriusque copias occupavisse; extortum invito senatu consulatum, armaque, quae in Antonium acceperit, contra rem publicam versa; proscriptionem civium, divisiones agrorum ne ipsis quidem, qui fecere, laudatas. Sane Cassii et Brutorum exitus paternis inimicitiis datos, quamquam fas sit privata odia publicis utilitatibus remittere: sed Pompeium imagine pacis, sed Lepidum specie amicitiae deceptos; post Antonium, Tarentino Brundisinoque foedere et nuptiis sororis inlectum, subdolae adfinitatis poenas morte exsolvisse. Pacem sine dubio post haec, verum cruentam: Lollianas Varianasque clades, interfectos Romae Varrones Egnatios Iullos.

24 constituo 3, -ui, -utum: neu ordnen **25 amnis**, -is m: Strom, Fluss **26 saeptum imperium**, erg. *esse*: das Reich sei begehrt worden **27 pauca admodum vi tractata**: nur weniges sei gewaltsam geschehen

Zum leichteren Verständnis ist die zweite Hälfte in deutscher Übersetzung wiedergegeben.

1,10 Dagegen wurde vorgebracht: Die Verpflichtung gegenüber seinem Vater und die Lage des Staates seien nur zum Vorwand genommen worden; ansonsten seien aus Herrschsucht die alt gedienten Soldaten aufgestachelt worden; von ihm als jungem Mann sei aus privaten Mitteln eine Armee aufgestellt worden, die Legionen des Konsuls bestochen, die Dankbarkeit gegenüber der pompejanischen Partei geheuchelt worden.

Dann, sobald er durch einen Senatsbeschluss Macht und Amt eines Prätors an sich gerissen habe, und Hirtius und Pansa umgekommen waren, ob nun die Feinde jene beseitigt hatten, oder Gift in die Wunde des Pansa gegossen wurde, oder Hirtius von seinen eigenen Soldaten auf Anstiftung Caesars (= Octavians) getötet wurde – er habe die Truppen beider übernommen; gegen den Willen des Senats habe er das Konsulat erpresst, und die Waffen, die er von Antonius erhalten habe, gegen den Staat verwendet; die Ächtung der Bürger, die Äckerverteilung, seien nicht einmal von denen, die sie durchführten, gelobt worden.

Freilich sei das Ende des Cassius und der beiden Bruti (➤ K) der Feindschaft gegenüber dem Vater (= Caesar) zuzuschreiben, obwohl es Sitte sei, persönliche Hassgefühle gegenüber den Interessen des Gemeinwesens zurückzustellen: Aber (Sextus) Pompeius sei durch die Vorgaukelung des Friedens, Lepidus durch den Anschein der Freundschaft getäuscht worden; dann habe Antonius, durch die Verträge von Tarent und Brundisium und die Heirat seiner Schwester verlockt (➤ K), für die tückische Verschwägerung mit dem Tode büßen müssen. Zweifelsfrei habe es danach Frieden gegeben, aber einen blutigen: Da waren die Niederlagen des Lollius und Varus, und getötet wurden in Rom Varro, Egnatius und Iullus Antonius (➤ K).

1,9 **Multus hinc ipso de Augusto sermo** etc.: Zurückweisung des „nichtigen Geredes“ über Augustus, das nur – nach Tacitus – Nebensächliches betrifft.

idem dies: Sein Tod fiel auf den 19. August, der Monat wurde schon 27 v. Chr. nach ihm benannt. Am 19. August 43 v. Chr. übernahm Augustus sein 1. Konsulat.

numerus consulatuum: Augustus bekleidete das Konsulat insgesamt 13-mal. M. Valerius Corvus (Feldherr gegen die Gallier und Samniten im 4. Jh. v. Chr.) war 6-mal, C. Marius (Kimbern, Teutonen) 7-mal Konsul: 107 v. Chr., 104–100 v. Chr., 86 v. Chr.

tribunicia potestas: Augustus hatte die Rechte eines Volkstribunen schon 36 v. Chr. erhalten, die volle *tribunicia potestas* bekleidete er ununterbrochen seit 23 v. Chr.

nomen imperatoris: Der Titel *imperator* wird *per acclamationem* durch das Heer beim Triumph verliehen und dann vom Senat bestätigt. Seit Augustus erhalten die siegreichen Feldherrn nur die *ornamenta triumphalia* (Purpurtoga, Lorbeerkranz), den eigentlichen Triumph feiert der Kaiser, unter dessen Oberbefehl *(sub auspiciis)* als Inhabers des *imperium proconsulare* jeder Krieg geführt wurde. Von dieser Bezeichnung ist sein ständiger Titel und Name „Imperator“ zu unterscheiden: *Imperator Caesar Divi Filius Augustus.*

alia honorum: Am 17. Jänner 27 v. Chr. erhielt Augustus vom Senat über Antrag des Munatius Plancus den Ehrentitel „Augustus“ – der Erhabene; 12 v. Chr. nach dem Tod des Lepidus wurde er *pontifex maximus*. Dieses Amt wurde von allen *principes* nach Augustus in der Kaisertitulatur geführt, bis Gratian im 4. Jh. darauf verzichtete.

pietate – necessitudine: Diese Begriffe werden im abwertenden Urteil in Abschnitt 1,10 wieder aufgenommen und ins Negative gewendet.

Antonio – Lepido: Die zwei anderen Triumvirn des im November 43 v. Chr. geschlossenen 2. Triumvirates, das aber im Gegensatz zum Geheimbund Caesar / Pompeius / Crassus (60 v. Chr.) ein offizielles außerordentliches Staatsamt war, das durch die *„lex Titia“* legalisiert wurde: *tresviri rei publicae constituendae*. Antonius beging nach der Niederlage bei Actium am 1. 8. 30 v. Chr. in Alexandria Selbstmord, Lepidus wurde 36 v. Chr. von Augustus entmachtet, blieb aber bis zu seinem Tode im Jahre 12 v. Chr. *pontifex maximus*.

ut ab uno regeretur: Für Tacitus ist die Monarchie die zwangsläufige Folge der Bürgerkriege.

mari Oceano ...: kurze Zusammenfassung der Leistungen des Augustus: Sicherung der Grenzen (Atlantik, Rhein, Donau), straffe Organisation von Heer und Flotte, Rechtssicherheit unter Bürgern und Bundesgenossen, rege Bautätigkeit in Rom

urbem ipsam magnifico ornatu: Augustus verlieh, tatkräftig unterstützt von M. Vipsanius Agrippa, Rom durch rege Bautätigkeit das Flair einer Weltstadt: Tempelbauten, Forum Augusti, Porticus Octaviae, Pantheon, Thermen. Sueton (Aug. 28,3, Übers. H. Vretska) formuliert:

> So durfte [Augustus] sich schließlich mit Recht rühmen: „Ich hinterlasse eine Stadt aus Marmor *(marmoream se relinquere urbem)*, während ich eine Stadt aus Ziegeln vorgefunden habe *(quam latericiam accepisset)*.“

1,10 Die negativen Urteile sind fast durchwegs böswillige Fehldeutungen der realen Vorgänge.

concitos ... veteranos: Auf die Nachricht von Caesars Ermordung war Octavianus von Dyrrhachium (Dures in Albanien) nach Italien zurückgekehrt. In Kampanien gewann er die von Caesar dort angesiedelten Veteranen. Cicero (Att. 16,9,1, Übers. H. Vretska) schreibt:

Gestern abend am 1. November [44 v. Chr.] erhielt ich einen Brief von Octavian. Er hat Großes vor. Die Veteranen in Casilinum und Calatia [Städte in Kampanien] hat er auf seine Seite gebracht: Kein Wunder, 500 Denare gibt er ihnen als Handgeld.

privato: Da Antonius die Auszahlung aus dem Vermögen Caesars verweigerte, musste Octavian für die Auszahlung der Legate an die Soldaten auf sein eigenes Vermögen zurückgreifen. Dieser an sich revolutionäre Akt wurde auf Betreiben Ciceros, der Octavian als Verbündeten des Senates gegen Antonius gewinnen wollte, durch Verleihung des *imperium* legalisiert.

consulis legiones: Ende November 44 gingen 2 Legionen von Antonius (Konsul 44) zu Octavian, dem Caesarerben, über. Octavian trug seit seiner Ankunft in Italien bewusst den Namen ‚C. Iulius Caesar'.

simulatam ... gratiam: Unter *partes Pompeianae* ist die republikanisch gesinnte Senatsmehrheit, zu Lebzeiten des Pompeius dessen Anhänger, zu verstehen. Cicero selbst machte Octavian zum Feldherrn des Senatsheeres: s. o.

fasces et ius praetoris invaserit: Octavian hat diese Stellung nicht „an sich gerissen". Am 1. Jänner 43 übertrug ihm der Senat das proprätorische Imperium über das Senatsheer mit dem Auftrag, gegen Antonius zu ziehen, der D. Brutus, einen der Caesarmörder, in Mutina (Modena) belagerte.

utriusque copias: Nach dem Tod der beiden Konsuln des Jahres 43, Hirtius und Pansa, übernahm Octavian auch deren Truppen.

extortum ... consulatum: Die erste historisch unanfechtbare Nachricht. Da der Senat nach dem Tod des Hirtius und des Pansa dem Octavian das Konsulat verweigerte, marschierte dieser mit seinen Legionen gegen Rom und erzwang seine Wahl. Er setzte die Ächtung der Caesarmörder durch. Cicero hatte sich getäuscht in seinem Glauben, Octavian als willfähriges Werkzeug verwenden zu können. Vgl. den Ausspruch über den damals 19-jährigen Octavian, der Cicero zugeschrieben wurde: *„laudandum adulescentem, ornandum, tollendum"* (doppeldeutig: „man müsse den Jüngling loben, mit Ehren ausstatten, ihn erheben" – oder: beseitigen; Cicero fam. 11, 20,1).

arma ... versa: durch den Abschluss des 2. Triumvirates Ende Oktober 43 in Bononia (Bologna)

proscriptione civium: Auch dies ist ein dunkles Kapitel im Lebenslauf Octavians. Die Triumvirn stellten Proskriptionslisten ihrer Gegner auf, dabei musste Octavian seinen Förderer Cicero dem Antonius opfern. Cicero wurde von den Soldaten des Antonius am 7. Dez. 43 getötet. Den Proskriptionen fielen 130 Senatoren und 2000 Ritter zum Opfer.

divisiones agrorum: Es handelt sich um die Ackerzuteilungen an die Veteranen des Caesar-Heeres. Da bei der Machtaufteilung der Triumvirn Octavian Italien zugefallen war, musste er die Hauptlast der mit aller Härte durchgeführten Neuzuteilungen von Ackerland tragen. Viele Grundbesitzer, darunter für einige Zeit auch Vergil, verloren ihre Güter.

Cassi et Brutorum exitus: Decimus Iunius Brutus war, nachdem ihn sein Heer bei Mutina verlassen hatte, auf dem Weg nach Makedonien ermordet worden. Dort wollte er mit Cassius und M. Iunius Brutus zusammentreffen. Cassius beging nach der 1. Schlacht bei Philippi (42 v. Chr.) Selbstmord, Brutus folgte ihm nach der 2. Schlacht 20 Tage später.

Pompeius: Gemeint ist der Sohn des Cn. Pompeius Magnus, Sextus Pompeius. Er bedrohte lange Italien durch eine Seeblockade. 39 v. Chr. wurden ihm, um ihn zu gewinnen, durch den Vertrag von Misenum Sizilien, Sardinien und Korsika zugesprochen. Octavian rüstete gegen ihn aber zum Krieg. In seinem Auftrag führte ihn M. Vipsanius Agrippa; er schlug Pompeius bei Mylae und Naulochos (an der Nordküste Siziliens). Im Verlauf dieses Krieges wurde auch der Triumvir M. Aemilius Lepidus wegen seiner schwankenden Haltung entmachtet, blieb aber *pontifex maximus* bis zu seinem Tod 12 v. Chr.

Antonium ... inlectum: Durch den Vertrag von Brundisium 40 v. Chr. wurde das etwas gestörte Vertrauen zwischen Antonius und Octavian wiederhergestellt. Zur Bekräftigung der Eintracht heiratete Antonius Octavia, die Schwester Octavians. Das Vertrauen schwand wieder, als Octavian dem Antonius für seinen Krieg gegen die Parther nicht, wie versprochen, Legionen zur Verfügung stellte. Diese Missstimmigkeit beendete vorläufig der Vertrag von Tarent im Jahre 36 v. Chr., in dem auch das Triumvirat auf weitere 5 Jahre verlängert wurde. Den endgültigen Bruch markierte die Kriegserklärung an Kleopatra – sie war der offizielle Feind (vgl. Horaz, c. 1,37: *nunc est bibendum* ...), nicht Antonius – im Jahre 32 v. Chr. Octavian und Agrippa besiegten die Flotte des Antonius und der Kleopatra bei Actium im Jahre 31 v. Chr. Kleopatra und Antonius begingen Selbstmord – von Tacitus für Antonius negativ als „Strafe für die tückische Schwägerschaft" (Ehe mit Octavia) bezeichnet. Auch der folgende Abschnitt ist tendenziös überspitzt: Beachte das Oxymoron *pacem ... cruentam.* Allerdings ist festzuhalten, dass Tacitus diesen Vorwurf als Gerede der Augustus-Kritiker einführt.

Lollianas Varianasque clades: Die militärischen Erfolge des Augustus (Unterwerfung der Keltiberer in Spanien, Sieg über die Alpenvölker, Vorschieben der Nordgrenze bis an die Donau) werden verschwiegen. M. Lollius, Statthalter in Gallien, erlitt 16 v. Chr. eine schwere, aber nicht folgenreiche Niederlage gegen die germanischen Sugambrer, Tenkterer und Usipeter. Sie schadete seiner weiteren Laufbahn nicht: Auf die Kunde von der von ihm geplanten Gegenoffensive zogen sich die Germanen über den Rhein zurück. Horaz widmet ihm die Ode 4,9 (kurz nach 16 v. Chr.), in der er natürlich nur die „bürgerlichen" Vorzüge des Lollius preist. P. Quinctilius Varus wurde 9 n. Chr. im Teutoburger Wald von den Germanen unter Arminius geschlagen und beging Selbstmord.

interfectos: A. Terentius Varro, Schwager des Maecenas, zettelte 23 v. Chr. eine Verschwörung gegen Augustus an, ebenso M. Egnatius Rufus 19 v. Chr. Iullus Antonius, Sohn des Marcus Antonius, wurde 2 v. Chr. wegen Ehebruchs mit Julia, der Tochter des Augustus, hingerichtet.

21 Vertiefung

1 Fasse die positiven Urteile nach folgenden Gesichtspunkten zusammen:
   a Zufälligkeiten und Zahlenspielereien
   b politische Klugheit
   c vernünftige Administration

2 Fasse die negativen Urteile folgendermaßen zusammen:
   a Heuchelei und Herrschsucht
   b Hinterhältigkeit
   c diktatorische Maßnahmen

3 Was bezweckt Tacitus mit der Reihung der Urteile (zuerst die positiven, dann die negativen)?

4 Was könnte der Grund dafür sein?

5 In welcher Weise steht Tacitus' Eindruck von Augustus im Gegensatz zur offiziellen Propaganda (➤ Teil III, S. 87 ff.)?

***Abb. 24: Augustus** als Pontifex Maximus (Ende des 1. Jhs. n. Chr.), Rom, Thermenmuseum. Die Statue ist durch die „Zangenlocke" als Augustus zu erkennen; er ist durch das verhüllte Haupt in seiner sakralen Funktion kenntlich. Im antiken Rom gab keine Trennung zwischen Priesterwürde und politischen Ämtern.*

22 text

Cornelius Tacitus,
ann. 1; 6–7

Mord an Agrippa Postumus

Nach dem Tod des Augustus übernimmt dessen Adoptivsohn Tiberius (regierte 14–37 n. Chr.) (Sohn der Livia, den diese in ihre Ehe mit Augustus mitbrachte) die Macht. Die Regierungszeit des Tiberius ist die einzige, die aus den Schriften des Tacitus vollständig überliefert ist. Tacitus zeichnet Tiberius als schwierigen, misstrauischen, bösartigen und zugleich ängstlichen Mann, der für seine despotischen Entscheidungen sehr gern andere Menschen verantwortlich machte.

Agrippa Postumus war der letzte Sohn aus der Ehe der Julia (der einzigen Tochter des Augustus) mit dessen Feldherrn Agrippa. Seine älteren Brüder waren durch verschiedene Unglücksfälle schon früher verstorben, so dass er eigentlich der legitime Nachfolger des Augustus gewesen wäre. Tatsächlich hatte ihn aber Augustus auf Planasia, eine kleine Insel südlich von Elba, verbannt, da er dessen geistige Beschränktheit und aggressives Wesen als unvereinbar mit den Aufgaben eines Herrschers ansah.

Trotzdem sah Tiberius in Agrippa Postumus einen potenziellen Rivalen und ließ ihn unter Berufung auf einen angeblichen Befehl seines Adoptivvaters beseitigen.

1,6 Primum facinus novi principatus fuit Postumi Agrippae caedes, quem ignarum inermumque[1] quamvis firmatus animo[2] centurio aegre[3] confecit. Nihil de ea re Tiberius apud senatum disseruit: patris iussa simulabat, quibus praescripsisset tribuno custodiae adposito[4], ne cunctaretur Agrippam morte adficere, quandoque[5] ipse supremum diem explevisset[6].

Multa sine dubio saevaque Augustus de moribus adulescentis questus[7], ut exilium eius senatus consulto sanciretur[8], perfecerat; ceterum in nullius umquam suorum necem duravit[9], neque mortem nepoti pro securitate privigni[10] inlatam credibile erat, propius vero[11] Tiberium ac Liviam, illum metu, hanc novercalibus odiis[12], suspecti et invisi[13] iuvenis caedem festinavisse[14].

Nuntianti centurioni, ut mos militiae, factum esse quod imperasset, neque imperasse sese et rationem facti reddendam[15] apud senatum respondit. Quod postquam Sallustius Crispus particeps secretorum[16] (is ad tribunum miserat codicillos[17]) comperit, metuens, ne reus subderetur[18], iuxta

1,6 **1 inermus** 3: unbewaffnet **2 quamvis firmatus animo** (abl. limit.): wenn er sich auch Mut gemacht hatte = bei aller Entschlossenheit **3 aegre**: nur mit Mühe **4 tribunus custodiae appositus** *(= praepositus)*: Kommandant der Wache **5 quandoque**: wann einmal **6 supremum diem explere**: sein Leben beenden **7 multa ... saevaque queri**: sich oft bitter beklagen **8 exilium sancire**: die Verbannung bestätigen **9 durare in necem alicuius**: (sich verhärten zu) sich zur Ermordung jemandes verhärten **10 privignus**, -i m.: Stiefsohn **11 propius vero** = *veri simile (est)* + AcI: wahrscheinlich **12 novercalibus odiis**: aus stiefmütterlichem Hass (➤ K) **13 invisus** 3: verhasst **14 caedem festinare**: (den Mord beschleunigen =) eiligst beseitigen lassen **15 rationem reddere**: Rechenschaft ablegen **16 particeps secretorum**: in die Geheimnisse eingeweiht **17 codicillus**, -i m.: (Schreibtafel) schriftlicher Befehl **18 ne reus subderetur**: dass er als Schuldiger vorgeschoben werde

periculoso[19] ficta seu vera promeret[20], monuit Liviam, ne arcana domus[21], ne consilia amicorum, ministeria[22] militum vulgarentur[23], neve Tiberius vim principatus resolveret[24] cuncta ad senatum vocando[25]: eam condicionem[26] esse imperandi[27], ut non aliter ratio constet[28], quam si uni reddatur[29].

1,7 At Romae ruere[30] in servitium consules patres eques[31]. Quanto quis inlustrior[32], tanto magis falsi ac festinantes[33] vultuque composito[34], ne laeti[35] excessu[36] principis neu tristiores primordio[37], lacrimas gaudium, questus adulationem[38] miscebant. Sex. Pompeius et Sex. Appuleius consules primi in verba Tiberii Caesaris iuravere[39], apudque eos[40] Seius Strabo et C. Turranius, ille praetoriarum cohortium praefectus, hic annonae; mox senatus milesque et populus.

Nam Tiberius cuncta per consules incipiebat, tamquam vetere re publica[41] et ambiguus imperandi[42]. Ne[43] edictum[44] quidem, quo patres in curiam vocabat, nisi[45] tribuniciae potestatis praescriptione posuit[46] sub Augusto acceptae.

Verba edicti[47] fuere pauca et sensu permodesto[48]: de honoribus parentis consulturum[49], neque abscedere a corpore[50] idque unum ex publicis muneribus usurpare[51].

Sed[52] defuncto Augusto[53] signum[54] praetoriis cohortibus ut imperator dederat; excubiae[55], arma, cetera aulae[56]; miles in forum, miles in curiam comitabatur. Litteras ad exercitus tamquam adepto principatu[57] misit, nusquam cunctabundus[58], nisi cum in senatu loqueretur.

Causa praecipua ex formidine[59], ne Germanicus, in cuius manu tot legiones, immensa sociorum auxilia, mirus apud populum favor[60], habere imperium quam

19 iuxta periculoso (verk. abl. abs.): da es gleich gefährlich war **20 ficta seu vera promere** = *sive ficta sive vera promere*: eine Notlüge erfinden oder die Wahrheit sagen **21 arcana domus**: die Geheimnisse des Kaiserhauses **22 ministeria**, -orum n. pl.: Dienstleistungen von Soldaten **23 vulgo** 1: in der Öffentlichkeit verbreiten **24 resolvere** h. schwächen **25 cuncta ad senatum vocando** (modal auflösen): dadurch, dass ... **vocare ad**: berichten an **26 condicio**, -onis f.: h. Grundsatz **27 impero** 1: h. Herrscher sein **28 ratio constat**: der Rechenschaftsbericht stimmt **29 uni reddere**: einem einzigen vorlegen

1,7 **30 ruere** (hist. Inf.): es stürzten sich **31 eques**: koll. sg. **32 quanto quis inlustrior**: je berühmter einer war **33 tanto magis falsi ac festinantes**: (desto mehr verstellt und eilig =) desto eiliger war ihre Heuchelei **34 vultu composito**: mit einstudierter Miene **35 ne laeti ...**: erg. *viderentur esse* **36 excessus**, -us m.: Tod **37 primordium**: Regierungsantritt (des Tiberius) **38 adulatio**, -onis f.: Schmeichelei **39 in verba Tiberii iurare**: auf Tiberius den Eid leisten **40 apudque eos**: und in der Folge **41 tamquam vetere re publica**, verk. abl. abs.: als ob die alte Republik noch bestünde **42 ambiguus imperandi**: unentschlossen, ob er die Herrschaft übernehmen solle **43 ne quidem**: h. sogar **44 edictum**: Erlass **45 nisi**: h. nur **46 posuit**: h. er gab heraus **47 verba edicti ...**: die „maßvollen" Worte des Edikts werden in ind. Rede berichtet **48 permodestus** 3: überaus schlicht **49 consulturum**: erg. *se*, er werde (den Senat) befragen **50 neque abscedere a corpore**: und er weiche nicht von der Seite des Leichnams **51 ex publicis muneribus usurpare**: von öffentlichen Ämtern in Anspruch nehmen (näml. das offizielle Geleit der Leiche des Augustus von Nola nach Rom) **52 sed**: h. andererseits **53 defuncto Augusto**: nach dem Tod des Augustus **54 signum**, -i n.: Parole **55 excubiae**: Palastwache, persönliche Leibwache **56 cetera aulae**: die übrigen Merkmale eines Hofstaates (*aula* = Hof) **57 tamquam adepto** (Passiv!) **principatu**: so, als ob er die Herrschaft übernommen hätte: ➤ K **58 nusquam cunctabundus**: nirgends zögernd **59 causa praecipua ex formidine**: der Hauptgrund lag in der Sorge; Gliederung: *ne Germanicus* ... Rel.-Satz: *in cuius manu tot legiones ... (essent), (cuius) mirus ... favor (esset) ... habere imperium ... mallet* **60 favor**, -oris m.: Beliebtheit

exspectare mallet. Dabat et famae[61], ut vocatus electusque[62] potius a re publica videretur quam per uxorium ambitum[63] et senili adoptione[64] inrepsisse[65]. Postea cognitum est ad introspiciendas[66] etiam procerum[67] voluntates[68] inductam dubitationem[69]; nam verba vultus in crimen detorquens[70] recondebat[71].

61 famae dabat: er legte Wert auf den Ruf **62 vocatus electusque**: berufen und auserwählt **63 per ambitum uxorium**: durch die Ränke einer Frau (näml. der Livia) **64 senili adoptione**: von einem alten Mann adoptiert **65 inrepo** 3, -repsi: hineinkriechen, h. sich (in die Macht) einschleichen **66 introspicio** 3M, -spexi, -spectus: ausforschen **67 proceres**: die Vornehmen = der Adel **68 voluntas**, -atis f.: Gesinnung **69 dubitationem inductam esse**: (das Schwanken sei eingeführt worden =) er habe den Schwankenden gespielt **70 in crimen detorquere**: als Verbrechen auslegen **71 recondere**: erg. *animo*, im Gedächtnis bewahren

22 kommentar

Cornelius Tacitus, ann. 1; 6–7

1,6 primum facinus novi principatus: Programmatischer Einsatz – der Prinzipat des Tiberius beginnt mit einem Verbrechen. Ähnlich der Beginn des Berichtes über die Herrschaft Neros (ann. 13,1): *prima novo principatu mors Iunii Silani proconsulis Asiae.*

simulabat: Tacitus betont hier die *simulatio* des Tiberius, mit der er auch im Folgenden dem Senat gegenübertritt. Tacitus versucht, Augustus von der Schuld am Tod des Agrippa Postumus zu entlasten, um Tiberius stärker zu belasten.

saeva questus: Sueton, Aug. 65 erwähnt einen Ausspruch des Augustus über Tochter und Enkelin Julia und Agrippa, sie seien *„tres vomicas* (Eiterbeulen) *et tria carcinomata sua"*.

Tiberium ac Liviam: Tacitus betont die Hauptschuld des Tiberius und der Livia. Das *„odium novercale"*, der Hass der Stiefmütter, war sprichwörtlich. Vgl. Ovid, Met. 1,147 (4 Weltzeitalter): *lurida terribiles miscent aconita novercae.*

Sallustius Crispus: Großneffe des Historikers und von ihm adoptiert, erscheint hier als Vertrauter der Livia. Er gehörte zum Freundeskreis des Augustus. Im Bericht über seinen Tod im Jahre 20 n. Chr. schreibt Tacitus (ann. 3,30, Übers. H. Vretska):

> Obwohl diesem Crispus der Zugang zu den Staatsämtern offen stand, ahmte er den Maecenas nach und überragte auch ohne Senatorenwürde viele Triumphatoren und Konsulare an Einfluss. ... So war er denn zu Lebzeiten des Maecenas am Hofe der zweite, dann der erste Ratgeber, in dessen Händen die Geheimnisse der Herrschaft ruhten *(cui secreta imperatorum inniterentur)*, und wusste auch um die Ermordung des Postumus Agrippa.

1,7 ruere in servitium: Harter Neueinsatz (hist. Inf.!) – der Senat ist zu selbstständigem Handeln nicht fähig. Wenn Tiberius also im Folgenden republikanische Traditionen wahrt, handelt es sich um *„simulatio"*.

tribuniciae potestatis praescriptione: Tiberius hatte kraft der *tribunicia potestas* das Recht, den Senat einzuberufen. Tiberius erhielt 6 v. Chr. die *trib. pot.*, sie wurde 4 n. Chr. auf weitere 10 Jahre verlängert.

tamquam adepto principatu: Offiziell trat der Prinzeps seine Machtstellung erst nach der Anerkennung durch den Senat an. Dies geschieht in der 2. Senatssitzung.

causa praecipua: Drei Gründe bestimmen des Tiberius *„simulatio"*:

1. Furcht vor Germanicus. Dieser kommandierte seit 13 n. Chr. die Legionen am Rhein und war Generalstatthalter in Gallien.

2. **dabat famae**: nach außen hin Zurückdrängen des Einflusses der Livia und der Adoption durch den greisen Augustus *(senilis adoptio)* in Zusammenhang mit der Machtergreifung
3. **inductam dubitationem**: Tiberius hatte seit den Tagen seines freiwilligen Exils in Rhodos (6 v. Chr.–4 n. Chr.) ein getrübtes Verhältnis zum Senat. (Mögliche Gründe für seine „Selbstverbannung“: Enttäuschung über die Bevorzugung der Söhne der Julia und des M. Vipsanius Agrippa, Gaius und Lucius, bei der Nachfolgeregelung, Entfremdung zwischen ihm und seiner Gattin Julia, die er nach dem Tod Agrippas 11 v. Chr. geheiratet hatte.) Um die Absichten der Senatoren zu erforschen, griff er zum Mittel der *„simulatio“*.

22 Vertiefung

1 Tacitus schildert Tiberius als *simulator*. Welche Stellen kann man für diese Ansicht anführen?

2 Wichtig ist für Tacitus die Rolle Livias. Sie wird als zielstrebig und machtbewusst geschildert. Stelle die entsprechenden Abschnitte zusammen!

3 Am Schluss des Textabschnittes wird allerdings Livias Rolle etwas eingeschränkt. Welche Stelle kann man hiefür anführen und welchen Zweck hat Tacitus mit dieser Darstellung verfolgt?

23 text

Cornelius Tacitus,
ann. 15; 62–64

Der Tod Senecas

Der fünfte römische Kaiser, Nero (37–68 n. Chr.), führte ein Schreckensregiment, dem sogar seine eigene Mutter Agrippina zum Opfer fiel. Er sollte durch eine Verschwörung, der vornehmlich Vertreter der stoischen Weltanschauung angehörten, gestürzt werden. Diese „pisonische“ Verschwörung (nach ihrem Führer C. Calpurnius Piso) wurde jedoch aufgedeckt, und Nero ließ 19 Personen hinrichten. Auch sein ehemaliger Erzieher, der berühmte Philosoph Seneca, wurde der Teilnahme verdächtigt, so dass Nero ihm den Selbstmord nahe legte. Tacitus gestaltet die Freitodszene des großen Mannes als erhebendes Schauspiel eines auch im Äußersten durch nichts zu erschütternden Menschen.

***Abb. 25: Nero** (entstanden um 60 n. Chr.), Rom, Nationalmuseum. Im Gesichtsausdruck des auf dem Palatin gefundenen Porträtkopfes scheinen sich Pathos, Grausamkeit, Exaltiertheit widerzuspiegeln.*

62,1 Ille interritus poscit testamenti tabulas; ac denegante centurione conversus ad amicos, quando meritis eorum referre gratiam prohiberetur, quod unum iam et tamen pulcherrimum habeat, imaginem vitae suae relinquere testatur, cuius si memores essent, bonarum artium famam fructum tam constantis amicitiae laturos.

62,2 Simul lacrimas eorum modo sermone, modo[1] intentior[2] in modum coërcentis[3] ad firmitudinem revocat, rogitans[4], ubi[5] praecepta sapientiae[6], ubi tot per annos meditata ratio[7] adversum imminentia[8]? Cui enim ignaram fuisse saevitiam[9] Neronis? Neque aliud superesse post matrem fratremque interfectos[10], quam ut educatoris praeceptorisque necem[11] adiceret.

63,1a Ubi haec atque talia velut in commune disseruit, complectitur uxorem, et paululum adversus praesentem fortitudinem mollitus rogat oratque, temperaret dolori, ne aeternum susciperet, sed in contemplatione vitae per virtutem actae desiderium mariti solaciis honestis toleraret.

63,1b Illa contra[12] sibi quoque destinatam mortem adseverat[13] manumque percussoris[14] exposcit. Tum Seneca gloriae eius non adversus[15]. Simul amore, ne sibi unice dilectam[16] ad iniurias relinqueret[17], „vitae" inquit „delenimenta[18] monstraveram tibi, tu mortis decus mavis[19]: non invidebo[20] exemplo. Sit huius tam fortis exitus constantia[21] penes utrosque par[22], claritudinis plus[23] in tuo fine." Post quae eodem ictu[24] brachia ferro exsolvunt[25].

Zum leichteren Verständnis sind einige Passagen in deutscher Übersetzung wiedergegeben.

62,1 Er (= Seneca) forderte sein Testament, und da der Zenturio (der den Selbstmord überwachte, Anm. d. Verf.) diese Bitte abschlug, wandte er sich an seine Freunde; er erklärte feierlich, da er daran gehindert würde, ihnen zu danken, wolle er ihnen das Einzige und Schönste, das er habe, überlassen, nämlich das Bild seines Lebens; wenn sie daran dächten, würden sie die Kunde einer so guten Lebensführung als Frucht so beständiger Freundschaft mit sich tragen.

62,2 **1 modo ... modo**: bald ... bald **2 intentior**: mit größerem Nachdruck **3 in modum coercentis**: den strengen Lehrer spielend **4 rogito** 1: immer wieder fragen **5 ubi**: erg. *essent* **6 praecepta sapientiae**: die Weisheitslehren **7 meditata ratio**: der erarbeitete vernünftige Umgang **8 imminentia**: das widrige Schicksal **9 fuisse ... saevitiam**: AcI trotz Frage, da es sich um eine rhetorische Frage handelt **10 post matrem fratremque interfectos**: nach der Ermordung seiner Mutter und seines Bruders (➤ K) **11 educatoris praeceptorisque nex** (v. *nex, necis f.*): der Mord an seinem Erzieher und Lehrer

63,1a Sobald er mit solchen Worten die Allgemeinheit angesprochen hat, umarmt er die Gattin, und ein wenig milder gestimmt trotz der für den Augenblick geforderten Standhaftigkeit, bittet er sie flehentlich, sie solle ihren Schmerz beherrschen und ihn nicht für alle Zeiten nähren, sondern in der Betrachtung eines tugendsamen Lebens die Sehnsucht nach ihrem Gatten durch ehrenvollen Trost ertragen.

63,1b **12 illa contra**: jene hingegen **13 adsevero** 1: ernsthaft bezeugen (davon abh. AcI: *destinatam mortem*, erg. *esse*) **14 manus percussoris**: die Hand des Mörders (= des Arztes, der ihr die Pulsadern öffnen soll) **15 gloriae eius non adversus**: erg. *est; adversus:* im Wege stehen **16 sibi unice dilectam**: die von ihm (dat. auct.) über alles Geliebte **17 ad iniurias relinquere**: Übergriffen (nämlich von Seiten Neros) aussetzen **18 delenimentum**, -i n.: Trostmittel **19 mavis**: du willst lieber (v. *malo, malle*) **20 invideo** 2, -vidi + abl: ich bin dir nicht neidisch um ... , ich missgönne dir nicht **21 constantia**, -ae f.: Standhaftigkeit, Charakterfestigkeit **22 penes utrosque par**: bei uns beiden gleich groß **23 claritudinis plus**: ein größeres Maß an Ruhm **24 eodem ictu**: mit gleichzeitigem Schnitt **25 exsolvo** 3, -solvi, -solutus: h. öffnen

63,3 Seneca, quoniam senile corpus et parco victu tenuatum lenta effugia sanguini praebebat, crurum quoque et poplitum venas abrumpit; saevisque cruciatibus defessus, ne dolore suo animum uxoris infringeret atque ipse visendo eius tormenta ad impatientiam delaberetur, suadet in aliud cubiculum abscedere. Et novissimo quoque momento suppeditante eloquentia advocatis scriptoribus pleraque tradidit, quae in vulgus edita meis verbis invertere supersedeo.

64 At Nero nullo in Paulinam proprio odio[26], ac ne gliisceret[27] invidia crudelitatis[28], iubet inhiberi[29] mortem. Hortantibus militibus servi libertique obligant[30] bracchia, premunt sanguinem, incertum an ignarae[31].

64,2 Nam, ut est vulgus ad deteriora promptum, non defuere qui crederent, donec inplacabilem Neronem timuerit, famam sociatae cum marito mortis petivisse, deinde oblata mitiore spe blandimentis vitae evictam; cui addidit paucos postea annos, laudabili in maritum memoria et ore ac membris in eum pallorem albentibus, ut ostentui esset multum vitalis spiritus egestum.

Seneca interim, durante tractu et lentitudine mortis, Statium Annaeum, diu sibi amicitiae fide et arte medicinae probatum, orat, provisum pridem venenum, quo damnati publico Atheniensium iudicio exstinguerentur, promeret; adlatumque hausit frustra, frigidus iam artus et cluso corpore adversum vim veneni.

63,3 Weil Senecas alter und von kärglicher Nahrungsaufnahme geschwächter Körper das Blut nur langsam verströmen ließ, veranlasste er auch, die Adern der Beine und Kniekehlen durchzuschneiden; von den grimmigen Schmerzen erschöpft, riet er seiner Gattin, in ein anderes Schlafzimmer zu gehen, um nicht durch sein Leiden ihre Standhaftigkeit zu schwächen, bzw. selbst beim Anblick ihrer Qualen in Schwäche zu verfallen. Auch in seinen letzten Augenblicken ließ ihn seine Rednergabe nicht im Stich: Er ließ Schreiber kommen und diktierte ihnen sehr vieles, das veröffentlicht wurde, und das ich (= Tacitus, Anm. d. Verf.) daher übergehe, in eigenen Worten wiederzugeben.

64 **26 nullo … odio** (unechter abl. abs.): da er keinen … Hass verspürte **27 glisco** 3: anwachsen **28 crudelitatis** (gen. obi.): gegen seine Grausamkeit **29 inhibeo** 2: aufhalten, stoppen **30 obligo** 1: verbinden **31 incertum an ignarae**: wobei man nicht weiß, ob sie damit nicht einverstanden war

64,2 Denn, wie nun einmal das Volk immer das Schlechtere annimmt, gab es einige, die glaubten, sie habe, solange sie Neros Unversöhnlichkeit fürchtete, den Ruhm eines gemeinsamen Todes mit ihrem Mann gesucht, aber als sich eine weniger bittere Aussicht einstellte, sei sie durch die Verlockungen des Lebens besiegt worden; sie lebte noch einige Jahre weiter, in lobenswertem Andenken an ihrem Ehemann und einer so bleichen Gesichts- und Körperfarbe, dass dies als Beweis dafür diente, dass viel von ihrem Lebensmut geschwunden sei.

Da sich Senecas Tod inzwischen lange hinzog, bat er Statius Annaeus, dessen treue Freundschaft und medizinische Kunst er gleichermaßen gut kannte, er solle ihm das vorsorglich bereitgestellte Gift, mit dem die auf Grund eines staatlichen Urteils der Athener Verurteilten starben, hervorholen. Als es gebracht wurde, trank er es ergebnislos, da sein Körper schon unempfindlich und unzugänglich für die Kraft des Giftes war.

64,4 Postremo stagnum[32] calidae aquae introiit, respergens[33] proximos servorum addita voce[34] libare[35] se liquorem[36] illum Iovi liberatori[37]. Exim balneo inlatus et vapore[38] eius exanimatus[39], sine ullo funeris sollemni[40] crematur. Ita codicillis praescripserat[41], cum etiam tum[42] praedives et praepotens[43] supremis[44] suis consuleret.

64,4 **32 stagnum**, -i n.: Bassin, Becken **33 respergens**: wobei er ... besprengte (= anspritzte) **34 addita voce** (abl. abs.): mit den Worten **35 libo** 1: ein (Trank-)Opfer bringen **36 liquor**, -oris m.: Flüssigkeit (davon dt. Likör) **37 liberator**, -oris m.: Befreier **38 vapor**, -oris m.: Dampf, Hitze **39 exanimatus**, erg. *est:* er starb **40 sine ullo funeris sollemni**: ohne jedes feierliche Begräbnis **41 codicillis praescribere**: in einem Testamentanhang verfügen **42 cum etiam tum**: sogar damals, als er ... **43 praedives et praepotens**: auf dem Höhepunkt seines Reichtums und seiner Macht **44 supremis ... consulere**: die Anordnungen für seinen Tod treffen

23 Kommentar

Cornelius Tacitus, ann. 15; 62–64

Abb. 26: Porträtbüste des Seneca *(Kopie aus dem 3. Jh., Original ca. 50–60 n. Chr.), Berlin, Staatliche Museen, Antikenabteilung. Auf der Rückseite der Doppelherme ist Sokrates dargestellt. Das Gesicht des kahlköpfigen Philosophen zeigt einen spöttisch-verächtlichen Ausdruck.*

62,1 testamenti tabulas: wahrscheinlich, um Ergänzungen anzufügen

denegante centurione: Der Grund für diese Ablehnung durch den Zenturio ist nicht klar. Möglicherweise hielt er Seneca schon für *damnatus* und das Testament daher für ungültig. Das Vermögen fiel somit an Nero.

imaginem vitae suae: Der Tod als ‚Abbild seines Lebens' soll für Senecas Freunde exemplarische Bedeutung erhalten. Die Schilderung des Selbstmordes, der literarischen Tradition des „Philosophentodes" folgend, ist dem Bericht von Sokrates' Tod in Platons „Phaidon" angeglichen. Dass man schon kurz nach Senecas Tod diese Gleichung angenommen hat, zeigt die Berliner Doppelherme (➤ Abb. 26), bei der auf der einen Seite Sokrates, auf der anderen Seneca dargestellt ist. (Eine Herme ist ein Steinschaft als Träger von Porträtbüsten.)

62,2 post matrem fratremque interfectos: Britannicus i. J. 55 n. Chr., Agrippina i. J. 59 n. Chr. Nicht genannt ist Neros Gattin Octavia, die er 62 n. Chr. auf ähnliche Weise wie Seneca töten ließ (14,64).

63,1b illa contra: Paulina verlangt, mit Seneca zugleich zu sterben. Cassius Dio (62,25, Übers. H. Vretska) berichtet anders:

> Seneca wollte auch seine Gattin Paulina gleichzeitig töten; er sagte, er habe sie gelehrt, den Tod zu verachten, und zu wünschen, zusammen mit ihm aus dem Leben zu scheiden. So öffnete er auch ihre Adern. Aber da sich sein Sterben hinzog, wurde sein Tod von den Soldaten beschleunigt und er starb vor ihr. So überlebte ihn Paulina.

63,3 senile corpus: Seneca, ungefähr 4 n. Chr. in Corduba (Spanien) geboren, stand im 61. Lebensjahr.

parco victu tenuatum: Tacitus (15,45,3) berichtet, Seneca habe aus Angst vor Giftanschlägen von „wild wachsendem Obst" *(agrestibus pomis)* und „Leitungswasser" *(profluente aqua)* gelebt. Der „geschwächte Körper" ist also dem letzten Lebensabschnitt zuzuweisen. Die Doppelherme zeigt ihn noch als mächtigen Minister Neros (64,2: *praedives, praepotens).*

meis verbis invertere: Antike Schriftsteller gaben Reden und Briefe der handelnden Personen mit eigenen Worten wieder, um einen Stilbruch in ihrem Werk zu vermeiden. Ausnahmen (s. o.) sind sehr selten.

64,2 vulgus ad deteriora promptum: Tacitus weist das übelwollende Gerede zurück. Man beachte, dass hier auch die von Tacitus oft gebrauchte „Doppeldeutung" mit Gewichtung auf das Negative fehlt.

Statius Annaeus: Arzt Senecas. Er wird auch der 63,3 erwähnte *percussor* sein. Er war wahrscheinlich Freigelassener oder Klient Senecas und trug daher den Namen Annaeus.

*Abb. 27: **Der Tod des Seneca**, P. P. Rubens, Ölgemälde (um 1611), München, Alte Pinakothek. Zwei Soldaten, Schreiber, Seneca, Arzt. Seneca steht in einer Wanne, der Arzt öffnet die Ader des linken Armes, die rechte Hand ist zum letzten Mal wegweisend erhoben, die Augen, nach oben gerichtet, künden den nahen Tod.*

venenum, quo ... exstinguerentur: Der Hinweis auf die Athener soll die Parallele zu Sokrates hervorheben. Das *venenum* ist der Saft des Schierlingskrautes.

64,4 stagnum: Diese Szene muss P. P. Rubens beim Entwurf seines Bildes vor Augen gehabt haben (➤ Abb. 27).

Iovi Liberatori: Die Libation, das Trankopfer, wurde nach griech. Brauch dem Zeus Sotér (= dem Retter) vor einem Fest dargebracht. *„Liberator"* ist hier beziehungsvoll der Befreier von den Mühen des Lebens.

balneum: Es handelt sich um das „Dampfbad" *(Laconicum)*, einen besonders stark geheizten Raum der privaten Thermen.

inlatus: Seneca ist nun handlungsunfähig: Die Passiva weisen darauf hin.

Römer nicht schänden, werden das Opfer der nach dem Friedensschluss „befreundeten Verbündeten"!

silvis ac paludibus emuniendis: In Nordeuropa gab es zur Zeit der Römer zahlreiche ausgedehnte und unzugängliche Wald- und Sumpfgebiete. Die Urbarmachung dieser Landstriche war die wesentliche Voraussetzung für eine erfolgreiche Kriegsführung (vgl. auch den röm. Meilenstein aus St. Pölten, ➤ E5, S. 115).

mancipium: Der „Kaufsklave", das, was man *„manu capit"* (mit der Hand berührt, um es zu besitzen). Dagegen steht die durch den Krieg erzwungene Sklaverei der Britannier.

Abb. 28: Gallier, sein Weib und sich tötend, *Marmorkopie, Höhe 2,11 m, nach einem Bronzeoriginal aus Pergamon (ca. 220 v. Chr.), Rom, Thermenmuseum. Die Gruppe gehörte zu Weihgeschenken zur Erinnerung an die Siege unter König Attalos I. von Pergamon (241–197 v. Chr.) über die Gallier. Gegensatz: der kraftvoll vorschreitende Krieger, der sich das Schwert in die Brust stößt, und die bereits tote Frau (gebrochene Augen, erschlaffter Körper).*

24 Vertiefung

1 Wie stellt Calgacus die Britannier den Römern moralisch wertend gegenüber?

2 Wie wird von Calgacus – und somit auch von Tacitus? – die *pax Romana* eingeschätzt?

3 Welche Ähnlichkeiten zeigen diese Ausschnitte aus der Calgacus-Rede mit den beiden Reden Catilinas (➤ T9, S. 39 ff.; T11, S. 44 ff.)?

4 Wie weit identifiziert sich Tacitus wohl als Autor mit der Figur des Calgacus? Bedenke, dass die Rede – obwohl sie wahrscheinlich tatsächlich in irgendeiner Form gehalten wurde – inhaltlich sicher zum größten Teil fiktiv ist. Reden vor der Schlacht gehören zu den Topoi – typischen Stilmitteln – der antiken Geschichtsschreibung.)

Teil III
PROPAGANDA DER KAISERZEIT

VERGIL: AUS DER „*AENEIS*“

Der Autor

P. Vergilius Maro (70–19 v. Chr.) schuf mit seinem Hauptwerk, der *„Aeneis“*, das bedeutendste Epos der lateinischen Literatur. Es ist als Fortsetzung und Überhöhung der Epen des griechischen Dichters Homer zu verstehen („Ilias“ und „Odyssee“ , beide wohl von verschiedenen Verfassern) und legt gleichzeitig den literarischen Grundstein für die kaiserzeitliche Romideologie.

Das Werk

Dem Trojaner Aeneas gelingt es samt einigen Gefährten, aus der brennenden Stadt zu entkommen und nach langen Irrfahrten und wechselhaften Abenteuern in Italien, in Latium (heute Lazio, Gegend um Rom) zu landen und dort nach schweren Kämpfen den Grundstein für das spätere Rom zu legen. In der Mitte des Werkes, im 6. Buch (das Epos hat 12 Bücher) steigt Aeneas in die Unterwelt, in das Reich der Toten, und lässt sich dort vom Schatten seines Vaters Anchises die künftige Größe Roms in einer Weissagung zeigen (sog. Römerschau). Dabei spricht Anchises sieben Verse, die schon bald zum ideologischen „Credo“ (= Glaubensbekenntnis) des vorchristlichen römischen Reichs wurden:

25 text

P. Vergilius Maro,
Aen. 6; 847–853

Das Credo des Imperiums

Excudent[1] alii spirantia mollius aera[2],
credo equidem, vivos ducent de marmore voltus[3],
orabunt causas[4] melius caelique meatus
describent radio et surgentia sidera dicent[5]:
Tu regere imperio[6] populos, Romane, memento
(hae tibi erunt artes), pacique imponere morem[7],
parcere subiectis[8] et debellare superbos[9]!

847 **1 excudo** 3: formen, bilden **2 spirantia ... aera**: lebensechte Bronzestatuen **3 vivos ... voltus** (= *vultus*): lebendige Porträts **4 causa**, -ae f.: Prozessrede
850 **5 surgentia sidera dicere**: die aufgehenden Gestirne benennen **6 imperium**, -ii n.: Herrschaft, Macht, Reich (alle drei Bedeutungen sind hier gleichzeitig gemeint) **7 mos**, moris m.: sittliche Ordnung **8 subiecti**, -orum m. pl.: die sich freiwillig unterwerfen **9 superbus** 3: h. starrköpfig

25 Kommentar

P. Vergilius Maro,
Aen. 6; 847–853

847 ff. Excudent … dicent: Vergil meint mit diesen Fähigkeiten (Bildhauerkunst, Rhetorik, Astronomie) die vornehmlich von den Griechen gelehrten Künste. Tatsächlich sahen sich die Römer seit Anbeginn mit der als erdrückend empfundenen kulturellen Überlegenheit der Griechen konfrontiert. Obwohl sie dieser im Lauf der Geschichte viel Eigenständiges entgegenzustellen wussten, blickten sie doch immer voll Neid wie auch Bewunderung auf das militärisch wie politisch längst vom Imperium Romanum abhängige Land im Osten.
850 ff. Tu regere imperio … superbos: Fühlte sich Rom Griechenland kulturell unterlegen, sah es sich umgekehrt spätestens seit der Zerstörung Karthagos (146 v. Chr.) allen anderen Völkern als überlegen an. Ja, die Römer betrachteten es sogar als ihre Aufgabe, die ganze Welt zu unterwerfen, die fremden Völker zu *pacare* („befrieden“) und ihnen römische Sitte und Zivilisation aufzuerlegen *(paci imponere morem)*. Wer sich widersetzte, wurde niedergekämpft. – Es fällt uns gerade in Europa heute sehr schwer, diese Einstellung zu verstehen, aber wir müssen bedenken, dass es auch in unserem Jahrhundert mächtige Staaten gibt, die ganz ähnlich denken und handeln.
Der konkrete Anlass für diese Worte des Vergil im Munde des Anchises war die Errichtung der *pax Augusta,* der Friedenszeit des ersten römischen Kaisers Augustus, nach einem halben Jahrhundert blutiger Bürgerkriege und auswärtiger Konflikte. Vergil war Augustus menschlich wie politisch außerordentlich verpflichtet und wollte seiner Persönlichkeit und seinem Wirken in der *„Aeneis“* ein indirektes Denkmal setzen.

25 Vertiefung

1 Kennst du Parallelen zur erwähnten „Befriedungspolitik“ der Römer aus Vergangenheit und Gegenwart?

2 Sind dir andere antike Helden bekannt, welche die Unterwelt aufsuchten und unversehrt zurückgekehrt sind? Was waren die Gründe für ihre Unternehmungen?

3 Das Zitat *„parcere subiectis et debellare superbos“* findet sich auch auf dem Gefängnistor des berüchtigten Dartmoor Prison (erbaut 1809) am Rande der Kleinstadt Princetown im englischen Cornwall. Was sagt diese Tatsache über den Strafvollzug in früheren Zeiten aus?

PROPAGANDA IN DER BILDENDEN KUNST

El text

Der „Augustus von Prima Porta“

Die überlebensgroße Statue (ca. 2 m Höhe) besteht aus Marmor und wurde wohl um 14 n. Chr. geschaffen. Man fand sie 1863 in Prima Porta im Norden Roms in einer Villa, die der Kaiserin Livia gehörte. Heute befindet sie sich in den Vatikanischen Museen zu Rom.

Wegen der unbekleideten Füße – Symbol der Vergöttlichung – wird die Statue wohl eine erst nach dem Tod des Augustus ausgeführte Kopie sein. Sie war bemalt, wie die zahlreichen Farbspuren beweisen. Die neuesten Erkenntnisse der vatikanischen Archäologen zeigen eine sehr unkonventionelle Farbgebung, die unseren Vorstellungen antiker Kunst keineswegs entspricht. Tatsächlich müssen wir aber davon ausgehen, dass viele griechische und römische Marmorstatuen und Tempel bemalt waren. Das Originalstandbild der Augustus-Statue (geschaffen etwa 20–17 v. Chr.) wird vielleicht aus Gold gewesen sein, auf jeden Fall aber aus Metall.

Beschreibung

Der Kaiser trägt über einer kurzen Tunika einen Muskelpanzer (eine Rüstung, die dem menschlichen Oberkörper nachgebildet ist) mit langen Laschen und den Feldherrnmantel. In der erhobenen Rechten hielt er wahrscheinlich einen Gegenstand, im linken Arm ein Szepter oder eine Lanze (➤ Abb. 29).

Die Darstellungen auf dem Panzer (➤ Abb. 30, Ausschnitt, S. 90) gehören zu den Vorstellungen, wie sie das *„Carmen saeculare“* des Horaz (von Augustus für die „Jahrhundertfeier“ 17 v. Chr. bestellt, ➤ T 26, S. 96) entwickelte. Es sind hier die Personifikationen von Caelus (Himmel) und Tellus (Erde, mit Füllhorn) zu sehen, die den römisch gewordenen Erdkreis repräsentieren, der unter dem besonderen Schutz von Apollo (der Lieblingsgottheit des Augustus, symbolisiert durch die Leier) und seiner Schwester Diana (mit Hirschkuh) steht.

Venus, die Stammutter des julischen Hauses (als Mutter des Aeneas, von dessen Sohn Iulus sich die *gens Iulia* ableitete), wird durch den kleinen, auf dem Delfin reitenden Amor (zu Füßen des Kaisers) vertreten. Der Sonnengott fährt auf

Abb. 29: Augustus von Prima Porta, Mamorkopie (um 14 n. Chr.), Rom, Vatikanisches Museum. Der Stab (Lanze oder Szepter) im linken Arm ist eine moderne Rekonstruktion.

Abb. 30: Brustpanzer des Augustus von Prima Porta, *Ausschnitt aus einer Zeichnung von L. Fenger.*

Abb. 31: Demontage einer Statue des Saddam Hussein *(Bagdad, 17. Mai 2003). Pressedienst der US-Armee.*

seinem vierspännigen Wagen, während Morgenröte und Morgentau (zwei Mädchen) entweichen.

Die Mittelszene wird eingerahmt von zwei sitzenden Frauen, der Personifikation der Gallia und der Dalmatia (Pannonia), zweier römischer Provinzen. In der Mitte übergibt ein Barbar (kenntlich am Bart und den langen Hosen) die 53 v. Chr. von den Parthern erbeuteten römischen Feldzeichen einem Vertreter Roms – oder dem Gott Romulus selbst (ersichtlich an der römischen Rüstung und der Wölfin). Diese Übergabe fand 20 v. Chr. statt und war der sichtbarste Erfolg der machtvollen Außenpolitik des Augustus.

Das Porträt des Herrschers selbst zeigt – in idealisierter Weise – die Ausprägung seiner strengen Züge, in denen sich seine Sendung als Weltenherrscher und Befrieder des Erdkreises widerspiegelt.

E1 Vertiefung

1. Welche Gottheiten werden dargestellt, was sind ihre Aufgabenbereiche?
2. Womit wird auf außenpolitische Leistungen hingewiesen?
3. Kennst du andere Denkmäler für große Politiker? Vergleiche sie mit dem „Augustus von Prima Porta“!
4. Was war und ist das Schicksal vieler Politikerstatuen nach einem Umsturz? Denke an das Ende Neros, des Dritten Reiches, des Stalinismus, des Kommunismus oder in jüngster Zeit des irakischen Diktators Saddam Hussein (➤ Abb. 31)!
   Können solche Akte (und deren mediale Dokumentation) selbst propagandistischen Zwecken dienen?

E2 text

Die Ara Pacis Augustae

Der „Altar des Augustusfriedens" – also der durch Augustus veranlassten Friedenszeit – wurde vom römischen Senat nach der Heimkehr des Augustus aus Spanien und Gallien 13–9 v. Chr. auf dem Marsfeld errichtet, zum Zeichen, dass nun überall Frieden herrsche. In der ersten Hälfte des 20. Jhs. wurde er wieder aufgefunden und neu errichtet, allerdings nicht am alten Platz, sondern in der Nähe des Augustus-Mausoleums.

__Abb. 32: Ara Pacis__ (13–9 v. Chr.), Rom. Über die Stufen gelangte der opfernde Kaiser zum eigentlichen Opferaltar. Die Seitenwände sind mit allegorischen Reliefs geschmückt.

__Abb. 33: Detailansicht der Ara Pacis__: Das Relief an der Ostseite zeigt die Personifikation der Tellus als „Mutter Erde".

Abb. 34: Ara Pacis-Museum, *Rom. Das vom amerikanischen Architekten Richard Meier geplante Museum wurde 2006 eröffnet.*

Dargestellt sind allegorische Figuren (die Erdgöttin Tellus ➤ Abb. 33, S. 91) und die Stadtgöttin Roma), Szenen aus der Frühgeschichte Roms (Äneas, die säugende Wölfin) sowie die Opferprozession der kaiserlichen Familie bei der Einweihungsfeier (➤ Abb. 23, S. 70).

Das alte Ara Pacis-Museum war lange Zeit der Öffentlichkeit nicht zugänglich. Seit 2006 befindet sich der Weihealtar in einem neuen, modernen Museumsbau (➤ Abb. 34) von Richard Meier, dessen Konzeption in konservativen Kreisen für heftige Diskussionen sorgte.

Die Ara Pacis ist das bedeutendste erhaltene Denkmal augusteischer Staatskunst und römischer Reliefplastik. 1951 wurde nahe der Stadt Medea in der italienischen Provinz Gorizia eine moderne Ara Pacis zum Gedenken an die Gefallenen des 2. Weltkriegs errichtet.

E2 Vertiefung

1 Die Ara Pacis Augustae zeigt eindrucksvoll, wie ein Herrscher die Religion für seine Zwecke einsetzt. Kennst du andere Beispiele aus Geschichte und Gegenwart?

2 Lies und interpretiere die folgende Mussolini-Inschrift aus dem Jahre 1940: Wie versuchte der italienische Diktator, die Erinnerung an Augustus für seine Zwecke zu nutzen?

HUNC LOCUM UBI AUGUSTI MANES[1] VOLITANT[2] PER AURAS
POSTQUAM IMPERATORIS MAUSOLEUM[3] EX SAECULORUM TENEBRIS[4]
EST EXTRACTUM ARAEQUE PACIS DISIECTA MEMBRA[5] REFECTA
MUSSOLINI DUX VETERIBUS ANGUSTIIS[6] DELETIS SPLENDIDIORIBUS
VIIS AEDIFICIIS AEDIBUS[7] AD HUMANITATIS MORES[8] APTIS
ORNANDUM CENSUIT[9] ANNO MDCCCCXL *A F(ascibus) R(enovatis) XVIII*

zitiert aus: Bartels, Klaus: Roms sprechende Steine, Mainz 2004

Die kursiv gedruckten Textstellen wurden nach der faschistischen Ära unkenntlich gemacht und erst 2001 im Zuge der Renovierung wiederhergestellt.

1 Augusti manes: die Manen (Totengeister) des Augustus **2 volito** 1: fliegen **3 mausoleum**, -i n.: Grabmal **4 ex saeculorum tenebris**: aus der Finsternis der vergangenen Zeiten **5 disiecta membra**: die verstreuten Teile (näml. der Ara Pacis) **6 angustiae**, -arum f. pl.: Einengung (gemeint sind enge Straßen etc.) **7 viis aedificiis aedibus**: Aufzählung (man denke sich Beistriche dazwischen) **8 humanitatis mores**: menschliche Lebensweise **9 ornandum censuit**: er (= Mussolini) ordnete an, zu schmücken (AcI + Gerundiv, erg. *esse*)

E3 text

Die Gemma Augustea

Abb. 35: Gemma Augustea, *Sardonyx (um 10 n. Chr.), Wien, Kunsthistorisches Museum.*

Gemmen sind geschnittene Steine mit figürlichen Darstellungen, meist aus Sardonyx, die ursprünglich dem persönlichen Schmuck, zur Zeit der römischen Kaiser aber der persönlichen wie politischen Repräsentation dienten.

Die Kunst des Steinschnitts begann schon im 7. Jahrtausend v. Chr. in Mesopotamien und entwickelte sich in der griechischen Klassik zu hoher Blüte. Im 3. Jh. v. Chr. entstehen in Ägypten die ersten Großkameen (Reliefsteine), an die sich die römischen Prunkkameen nahtlos anschließen.

Das Wiener Kunsthistorische Museum besitzt mit über 5 800 Steinen die bedeutendste Kameensammlung der Welt; die Gemma Augustea ist darunter wieder das herausragendste Objekt.

Beschreibung der Gemma Augustea

Römisch, vor 14 n. Chr.
Zweischichtiger Sardonyx, am linken Rand beschnitten. Fassung: Gold, Bodenplatte aus Silber, vergoldet, 17. Jh. H. 19 cm; B. 23 cm. Fundort unbekannt. Seit dem 17. Jh. in kaiserlichem Besitz (Matthias-Inventar von 1619 Nr. 900).

Der Verherrlichung der Taten des Kaisers Augustus und seines Nachfolgers Tiberius diente der bedeutendste, heute in der Wiener Antikensammlung verwahrte Kameo: die Gemma Augustea. Der Kameo ist aus einem zweischichtigen arabischen Sardonyx geschnitten und zweifellos ein Produkt der kaiserlichen Gemmenwerkstatt in Rom, die Dioskurides begründet hatte. Nach dem *Grand Camée* in Paris ist die Gemma Augustea der zweitgrößte erhaltene antike Kameo, hinsichtlich seiner künstlerischen Qualität ist er aber das kostbarste Objekt des Kameenschnittes. Im oberen Streifen der Darstellung thront Augustus in der Tracht und Pose Jupiters, in den Händen Szepter und Augurenstab haltend. Zur Rechten des Kaisers sitzt Roma, die Schutzherrin der Stadt. Zwischen den Köpfen der beiden Figuren der Steinbock, das Zeugungsgestirn des Augustus, zu ihren Füßen der Adler, ein Rund- und ein Langschild. Auf der rechten Seite befindet sich eine Gruppe allegorischer Figuren: die Oikumene, die bewohnte Erde, die einen Eichenlaubkranz über das Haupt des Kaisers hält, Okeanos, die Personifikation des Meeres, sowie Italia mit Füllhorn und zwei Knaben. Neben Roma steht der Großneffe des Augustus, Germanicus. Auf der linken Seite steigt Tiberius, der Kronprinz und Stiefsohn des Kaisers, lorbeerbekränzt, ein langes Szepter haltend, von einer Quadriga, die von Viktoria gelenkt wird. Im unteren Bildstreifen wird ein *Tropaion* (Siegesmal) errichtet, und gefangene Barbaren werden von den Soldaten herbeigeschleppt. Dargestellt ist die Verherrlichung eines Sieges, den Augustus bewirkt und Tiberius errungen hat, und die dadurch gewonnene Befriedung des Erdkreises; vielleicht die Niederwerfung des Dalmateraufstandes 6 bis 9 n. Chr.: Am 16. Jänner des Jahres 10 n. Chr. zog Tiberius als Oberbefehlshaber der römischen Truppen in Rom ein; als Sieger trat er vor den Kaiser – den Triumph konnte er wegen des unmittelbar anschließenden Germanenfeldzuges allerdings erst zwei Jahre später feiern. Der Kameo wird erstmals 1246 in einem Inventar des Klosters Saint Sernin in Toulouse erwähnt. Zu Beginn des 17. Jahrhunderts gelangte er durch Kauf Kaiser Rudolfs II. in habsburgischen Besitz.

Alfred Bernard-Walcher, u. a.: Meisterwerke aus der Antikensammlung des Kunsthistorischen Museums in Wien, Mainz o. J.

E3 Vertiefung

Vergleiche die Gemma Augustea mit den Darstellungen auf der Ara Pacis und dem „Augustus von Prima Porta". Welche Motive erscheinen mehrmals?

HORAZ: AUS DEM „CARMEN SAECULARE“

Der Dichter

Q. Horatius Flaccus wurde 65 v. Chr. in Venusia (Süd-Italien) geboren. Sein Vater war ein Freigelassener, der dort ein kleines Landgut besaß. Er übersiedelte nach Rom, um seinem Sohn eine gute Ausbildung zu ermöglichen.
Während Horaz sich im Sommer 44 v. Chr. auf einer Studienreise in Athen befand, folgte er dem Ruf zur Rettung der *libera res publica* und wurde Militärtribun im Heere des Caesarmörders Brutus. Nach der vernichtenden Niederlage bei Philippi kehrte Horaz nach Rom zurück.
Da das väterliche Gut beschlagnahmt worden war, suchte sich Horaz einen Posten als *scriba* (Schreiber) der Staatskasse, einen Beruf, der ihm ein gewisses Ansehen verlieh.
Seine ersten dichterischen Versuche, in denen er in satirischer Form seiner Unzufriedenheit mit der Lage des Staates Ausdruck verleihen wollte, erregten das Interesse des berühmten Dichters Vergil, der ihn dem großen Förderer Maecenas (daher noch heute: „Mäzen“!) vorstellte. 33 v. Chr. schenkte ihm dieser ein kleines Landgut in den Sabinerbergen und enthob ihn damit aller Sorgen um den Lebensunterhalt. Das Leben in der einfachen Natur bereitete dem Epikureer (Anhänger der Lehre Epikurs, eines hellenistischen Philosophen, der um 341 bis um 270 v. Chr. lebte und den Lustgewinn und das Vermeiden von Schmerz als höchste Prinzipien ansah) Horaz große Freude.
Obwohl er sich durch seine Freundschaft mit Maecenas auch dem Kaiser Augustus verpflichtet fühlte, vermied er es dennoch zeitlebens, ein Epos auf den Herrscher zu dichten. Allerdings stellte er seine Dichtung in den Dienst der augusteischen Reformen. Das bekannteste Beispiel dafür sind die sechs so genannten „Römeroden“, in denen der römischen Jugend die neuen ethischen Grundsätze der augusteischen Weltordnung vorgestellt werden. Für die Säkularfeier des Jahres 17 v. Chr. verfasste Horaz das *„Carmen saeculare“*.
In seinen letzten Lebensjahren dichtete Horaz nicht mehr. Er starb 8 v. Chr. bald nach dem Tod seines Gönners Maecenas und wurde in dessen Nähe auf dem Esquilin bestattet.

Das Werk

Für das Jahr 17 v. Chr. hatte Augustus ein großes Säkular-Fest geplant, als Zeichen, dass jetzt ein neues Jahrhundert beginne. Alle 110 Jahre sollten in Zukunft Säkularspiele veranstaltet werden, die zum ersten Mal bereits 249 v. Chr. veranstaltet worden waren. Diese Rückbesinnung auf die religiösen Bräuche der Vorfahren ist der Kern der Restaurations- (Wiederherstellungs-) Politik des Augustus, der ja auch gegen Scheidung und Kinderlosigkeit Reformen durchführte und die alten Tempel Roms in neuem Glanz wiederherstellen ließ.
Die Säkularfeier, über deren Verlauf wir durch eine Inschrift genau unterrichtet sind, in der auch der Name des Dichters Horaz aufscheint, dauerte vom 31. Mai bis zum 3. Juni. An diesem Tag wurde ein großes Opfer für Apollo (den Schutzgott des Augustus) und Diana vor dem neu gebauten Apollotempel auf dem Palatin dargebracht. Zum Abschluss sangen 27 Knaben und 27 Mädchen das von Horaz für diesen Anlass gedichtete Lied *(„Carmen saeculare“)*.
Der folgende Ausschnitt behandelt die Lobpreisung des Apollo und der Diana und ist dem Schluss des Liedes entnommen.

dare virtutis clementiaeque[9] et iustitiae et pietatis causa testatum est per eius clupei inscriptionem. Post id tempus auctoritate[10] omnibus praestiti, potestatis autem nihilo amplius[11] habui quam ceteri, qui mihi quoque in magistratu conlegae fuerunt.

9 clementia, -ae f.: Milde **10 auctoritate** (abl. lim.): hinsichtlich meiner Autorität (➤ K)

15 **11 nihilo amplius**: um nichts mehr

27 Kommentar

Mon. Anc. 34

1 consulatu: Das sechste und siebte Konsulat des Octavian fand in den Jahren 28 und 27 v. Chr. statt, als er durch Senatsbeschluss *(senatus consulto)* zum Augustus ernannt wurde.

8 f. corona civica: Die „Bürgerkrone" bestand aus einem Kranz aus Eichenblättern und wurde ursprünglich nur für die Errettung eines römischen Bürgers verliehen. In späterer Zeit hielt man sich jedoch nicht an die strengen Verleihungsgrundsätze.

9 f. clupeus aureus: Der goldene Schild enthielt die Kardinaltugenden des Augustus: *Virtus* (Tapferkeit), *Clementia* (Milde), *Iustitia* (Gerechtigkeit), *Pietas* (Liebe). Augustus legte großen Wert auf diese Vorzüge; sie wurden auch vom augusteischen Dichter Vergil als Charaktereigenschaften des Aeneas herausgestellt.

10 curia Iulia: Ursprünglich gab es dreißig *curiae* – politische Gliederungen – des römischen Volkes. Die Grundlagen dafür dürften in der bäuerlichen Struktur der alten Römer gelegen sein. Später wurde mit *curia* vornehmlich der Versammlungsort des Senats bezeichnet. Es gab mehrere *curiae* in Rom, darunter auch die von Iulius Caesar errichtete Curia Iulia.

14 auctoritate: Augustus legte großen Wert darauf, nur *primus inter pares* („Erster unter Gleichen") zu sein, das heißt sein Ansehen und Einfluss waren größer als die der Übrigen, seine Machtstellung *(potestas)* aber unterschied sich nicht von dem seiner Kollegen. Das stimmt jedoch nur theoretisch: Da Augustus die *tribunicia potestas* übertragen worden war, hatte er die Einspruchsmöglichkeit gegenüber allen anderen Beamten und war somit unantastbar.

27 Vertiefung

1. Wie erscheint dir die Darstellungsweise der Ehrungen: objektiv, selbstbewusst oder überheblich? Ist es verständlich, dass Augustus diese in einen Rechenschaftsbericht hineinnimmt?
2. Was bezweckte Augustus wohl mit der formellen Rückgabe der Macht an den Senat und das Volk *(in senatus populique Romani arbitrium transtuli)*? Was war mit seinem Vorgänger (Iulius Caesar) geschehen, der diese Macht nicht zurückgegeben hatte? (Caesar war Diktator auf Lebenszeit gewesen!)
3. Welche der Ehrungen des Augustus konnte am meisten zu seiner kultischen Verherrlichung beitragen, die nach seinem Tod zur Vergöttlichung führte?

TEIL IV
STAATSLEHRE UND STAATSRÄSON

CICERO: *„DE RE PUBLICA“*

Cicero als Staatsphilosoph

Cicero (➤ S. 22) war schon früh an philosophischen Fragen interessiert. Doch erst, als er unter dem ersten Triumvirat (Caesar, Pompeius, Crassus, geschlossen 60 v. Chr.) erkennen musste, dass er politisch isoliert war, beschäftigte er sich mit der Theorie der Politik und weniger mit ihrer Praxis. In den Jahren 55–51 v. Chr. verfasste er eine Anzahl von philosophischen Schriften, von denen der nicht vollständig erhaltene Dialog *„De re publica“* wohl die bedeutendste ist. Darin befasst er sich – von seinem Vorbild Polybios, aber auch anderen hellenistischen Philosophen ausgehend – mit der Frage der besten Staatsform. Der Dialog ist im 2. Jh. v. Chr., im Zeitalter des so genannten „Scipionenkreises“, angesetzt, als P. Scipio Africanus Minor, der Zerstörer Karthagos (146 v. Chr.), in freundschaftlichem Gespräch die Leistungen der griechischen Bildung erörterte. Gemäß seinem Glauben an die Überlegenheit der tradierten römischen Republik nennt Cicero zunächst drei „reine“ Staatsformen – die Monarchie (Alleinherrschaft), die Oligarchie (Herrschaft der Wenigen) und die Demokratie (Herrschaft des Volkes), um diesen als Idealform die römische Mischverfassung gegenüber zu stellen, die von all den dreien die jeweils besten Elemente enthalten soll.

28 text

M. Tullius Cicero,
rep. I, 39; 41–45

Das Wesen des Staates und seine Grundformen

39 Est igitur res publica res populi, populus autem non omnis hominum coetus[1] quoquo modo congregatus[2], sed coetus multitudinis iuris consensu[3] et utilitatis communione[4] sociatus. Eius autem prima causa coëundi est non tam imbecillitas[5] quam naturalis quaedam hominum quasi congregatio[6]; non est enim singulare nec solivagum[7] genus hoc, sed ita generatum, ut ne in omnium quidem rerum affluentia[8] societate generis sui carere velit. […]

41 Hi coetus igitur hac[9], de qua exposui[10], causa instituti sedem primum certo loco domiciliorum causa constituerunt[11]; quam cum

39 **1 coetus**, -us m.: Ansammlung, Vereinigung **2 congrego** 1: versammeln, vereinigen **3 iuris consensus**: übereinstimmende Rechtsauffassung **4 communio**, -onis f.: Gemeinsamkeit **utilitatis communio**: gemeinschaftlicher Nutzen **5 imbecillitas**, -atis f.: Schwäche, Unzulänglichkeit **6 congregatio**, -onis f.: Geselligkeitstrieb, Trieb zur Gemeinschaftsbildung **7 solivagus** 3: einzelgängerisch **8 affluentia**, -ae f.: Überfluss

41 **9 hac causa, de qua** = *hac de causa, quam … hac causa*: gemeint sind die sozialen Bedürfnisse, das Verlangen nach Gemeinschaft **10 exponere**: h. darlegen, ausführen **11 sedem constituere**: einen (festen Wohnsitz gründen, sich niederlassen

locis manuque[12] saepsissent[13], eius modi coniunctionem tectorum[14] oppidum vel urbem appellaverunt delubris[15] distinctam[16] spatiisque[17] communibus.

Omnis ergo populus, qui est talis coetus multitudinis, qualem exposui, omnis civitas, quae est constitutio[18] populi, omnis res publica[19], quae – ut dixi – populi res est, consilio[20] quodam regenda est, ut diuturna sit. Id autem consilium primum[21] semper ad eam causam referendum[22] est, quae causa[23] genuit civitatem.

42 Deinde aut uni tribuendum est[24] aut delectis[25] quibusdam aut suscipiendum est multitudini atque omnibus[26]. Quare cum penes[27] unum est omnium summa rerum[28], regem illum[29] unum vocamus et regnum eius rei publicae statum[30]. Cum autem est penes delectos, tum illa civitas optimatium[31] arbitrio[32] regi dicitur. Illa autem est civitas popularis[33] – sic enim appellant –, in qua in populo sunt omnia. Atque horum trium generum quodvis[34], si teneat illud vinculum[35], quod primum homines inter se rei publicae societate devinxit[36], non perfectum illud[37] quidem neque mea sententia[38] optimum est, sed tolerabile tamen et ut aliud[39] alio[40] possit esse praestantius[41]. Nam vel rex aequus[42] ac sapiens vel delecti ac principes cives vel ipse populus, quamquam id est minime probandum[43], tamen nullis interiectis[44] iniquitatibus[45] aut cupiditatibus posse videtur aliquo esse[46] non incerto statu.

43 Sed et in regnis nimis expertes sunt[47] ceteri communis iuris et consilii; et in optimatium dominatu[48] vix particeps libertatis potest esse multitudo, cum omni consilio communi ac potestate careat; et cum omnia per populum geruntur quamvis iustum atque moderatum, tamen ipsa aequabilitas[49] est iniqua, cum habet nullos gradus dignitatis[50].

Itaque si[51] Cyrus ille Perses[52] iustissimus fuit sapientissimusque rex, tamen mihi populi

12 locis manuque: durch natürliche Lage und Arbeit der Hände **13 saepire**: umzäunen, schützen **14 eius modi coniunctionem tectorum**: eine derartige Ansammlung von Häusern **15 delubrum**: Heiligtum, Tempel **16 distinctus** 3: geschmückt, ausgestattet **17 spatium**: h. Platz **18 constitutio**, -onis f.: Einrichtung, Ordnung, Verfassung **19 omnis res publica**: jede Staatsform **20 consilium**: h. Überlegung, Zielsetzung **21 primum**: das 2. Glied folgt mit *deinde* im nächsten Satz **22 referre ad**: sich beziehen auf, sich richten nach **23 quae causa**: das *causa* bleibt unübersetzt (Wiederholung des Bez.-Wortes)

42 **24 tribuendum est**: erg. *consilium* **25 delecti**, -orum m. pl.: Auserwählte, Elite **26 suscipiendum est multitudini atque omnibus** (dat. auct.): muss von der Mehrheit und sogar von allen getragen werden **27 penes** + acc.: bei, in der Gewalt von **28 omnium summa rerum**: die Entscheidung über alle Angelegenheiten, die oberste Leitung **29 regem illum ...**: *illum unum (= solum) vocamus regem* **30 status**, -us m.: h. Zustand, Beschaffenheit, Form **31 optimates**: „die Besten", Aristokraten (➤ auch Einführung, S. 1 f.) **32 arbitrium**: Urteil, Gutdünken **33 civitas popularis**: Volksherrschaft, Demokratie **34 quivis**, quaevis, quodvis: jeder beliebige, jeglicher **35 vinculum**: h. Band **36 devincio** 4, -vinxi, -vinctus: eng verbinden **37 illud** = *quodvis* (in der Übersetzung wegzulassen) **38 mea sententia** (abl.): meiner Meinung nach **39 et aliud ut ...**: und zwar so, dass das eine ... **40 alio**: abl. comp. **41 praestans**: vorzüglich, vortrefflich **42 aequus** 3: h. gerecht **43 probo** 1: billigen (➤ K) **44 intericio** 3, -ieci, -iectus: dazwischenwerfen, einmengen, hindern **45 iniquitas**, -atis f.: Ungerechtigkeit; **nullis interiectis iniquitatibus**: der abl. abs. hat konditionalen Sinn **46 aliquo non incerto statu esse**: von einigermaßen sicherem Bestand sein

43 **47 nimis expertes sunt**: sie haben allzuwenig Anteil **48 optimatium dominatus**: Aristokratenherrschaft, Oligarchie (➤ K) **49 aequabilitas**, -atis f.: h. völlige Gleichstellung **50 gradus** (pl.) **dignitatis**: Stufen der Würde **51 si** = *etiamsi* **52 Perses**, -ae m.: Perser

res[53] – ea enim est, ut dixi antea, publica – non maxime expetenda fuisse illa[54] videtur, cum regeretur unius nutu ac modo[55].
Si Massilienses, nostri clientes[56], per delectos et principes cives summa iustitia reguntur, inest tamen in ea condicione[57] populi similitudo quaedam servitutis.
Si Athenienses quibusdam temporibus sublato Areopago nihil nisi populi scitis[58] ac decretis agebant, quoniam distinctos dignitatis gradus non habebant, non tenebat ornatum[59] suum civitas.

44 Atque hoc[60] loquor de tribus his generibus[61] rerum publicarum non turbatis atque permixtis[62], sed suum statum tenentibus. Quae genera primum sunt in iis singula[63] vitiis[64], quae ante dixi. Deinde habent perniciosa[65] alia vitia: nullum est enim genus illarum rerum publicarum, quod non habeat iter[66] ad finitimum quoddam malum praeceps ac lubricum[67]. Nam illi regi, ut eum potissimum nominem, tolerabili aut, si vultis, etiam amabili, Cyro, subest[68] ad immutandi animi licentiam[69] crudelissimus ille Phalaris, cuius in similitudinem dominatus unius[70] proclivi[71] cursu et facile delabitur. Illi autem Massiliensium paucorum et principum administrationi civitatis finitimus est, qui fuit quodam tempore apud Athenienses triginta virorum illorum consensus et factio[72]. Iam Atheniensium populi potestatem omnium rerum ipsi[73], ne alios requiramus, ad furorem multitudinis licentiamque conversam pesti rei publicae fuisse[74] libere fatentur.

45 Miri sunt orbes et quasi circuitus in rebus publicis commutationum et vicissitudinum; quos cum cognosse sapientis est, tum vero prospicere impendentis in gubernanda re publica moderantem cursum atque in sua potestate retinentem magni cuiusdam civis et divini paene est viri. Itaque quartum quoddam genus rei publicae maxime probandum esse sentio, quod est ex his, quae prima dixi, moderatum et permixtum tribus.

53 populi res: Lage des Volkes, Form des Gemeinwesens **54 illa**: zu *res* **55 modus**: h. Vorschrift **56 cliens**, -ntis m.: Klient, Schutzbefohlener (➤ K) **57 condicio**, -onis f.: h. Lage, Situation **58 populi scitum** = *plebiscitum*: Volksbeschluss **59 ornatus**, -us m.: Ordnung

44 **60 hoc**: das, was eben dargelegt wurde **61 de tribus his generibus ... tenentibus**: Partizipialkonstruktion, die mit einigen Relativsätzen übersetzt werden sollte **62 permisceo** 2, -miscui, -mixtus: mischen **63 singula** (praed.): jede Art für sich **64 in vitiis esse**: sich in fehlerhaften Verhältnissen befinden, Mängel haben **65 perniciosus** 3: verderblich **66 iter:** h. Übergang **67 praeceps ac lubricum** (auf *iter* bez.!): steil und schlüpfrig **68 subesse**: zu Gebote stehen, vorhanden sein **69 ad inmutandi animi licentiam**: hinsichtlich der Willkür, seine Haltung zu ändern **70 cuius in similitudinem dominatus unius**: in dessen Abbild einer Diktatur **71 proclivis**, -e: abschüssig **72 consensus et factio**: einhellige Parteiwirtschaft **73 ipsi**: Subjekt **74 pesti rei publicae fuisse** (dat. fin.): dem Staat zum Verderben gedient haben

Zum leichteren Verständnis ist der folgende Abschnitt in Übersetzung wiedergegeben:

45 Seltsam sind die Kreisläufe der Veränderungen und Wechselfälle in den Gemeinwesen; wenn es Aufgabe eines Weisen ist, diese erkannt zu haben, dann ist es erst recht Aufgabe eines großen Bürgers und fast schon göttlichen Menschen, die bevorstehenden Veränderungen vorauszusehen und in der Lenkung des Staates den Kurs zu halten und in seiner Macht beizubehalten. Daher meine ich, dass eine vierte Staatsform am meisten zu billigen ist, die aus den vorgenannten drei mäßigend vermischt ist.

Cicero definiert den Begriff „Staat", erklärt die Entstehung des Staates und gibt einen Überblick über grundlegende Staatsformen. Er lässt dies Scipio darlegen.

39 res populi – res publica: Die Definition ist auch ein Wortspiel, da *populus* mit *publicus* etymologisch verwandt ist; *res publica* steht gleichzeitig in einem mitgedachten Gegensatz zu *res privata.*

eius prima causa: Die Frage nach dem Entstehen und Vergehen von Staaten hat schon die Sophisten beschäftigt. Platon hat in seinem Dialog „Protagoras" die Entstehung des Staates in einem Mythos behandelt. In seiner „Politeia" lässt er durch Sokrates eine weitere Entstehungstheorie aufstellen, nach welcher der Mensch als Mangelwesen zuerst seine materiellen Bedürfnisse befriedigen wollte, zu diesem Zwecke die Arbeitsteilung eingeführt habe und es so zu Gemeinschaftsbildungen gekommen sei. Für Platon ist letztlich der Staat die idealistisch-utopisch gesehene Verwirklichung der Idee des Guten. Aristoteles sieht den Menschen von Natur aus zur Staatenbildung angelegt („anthropos physei politikon zoon"), wobei der Staat als höchste Form der Gemeinschaft dem Individuum wesenhaft übergeordnet ist. Die Stoiker haben sich erst spät (Poseidonius, Panaitius) mit diesem Problem beschäftigt und vor allem das naturgegebene Gemeinschaftsstreben der Menschen hervorgehoben, die ja alle für den anderen sorgen müssten. Epikur betonte die Schwäche des Menschen. Um den Anforderungen besser gewachsen zu sein, habe er sich zu Gemeinschaften zusammengeschlossen. Es gab also in der Antike zwei grundlegend verschiedene Ansichten über die Ursachen einer Staatsentstehung: die natürliche Veranlagung des Menschen zur Gemeinschaftsbildung bzw. die natürliche Schwäche des Menschen als des am wenigsten spezialisierten Lebewesens. Diese Theorie wurde in Rom auch von Polybius vertreten. In der Darstellung Ciceros sammelt sich die philosophische Tradition der Staatstheorien, die von ihm entsprechend seiner Wesensart und seinem Römertum interpretiert werden. In der Hervorhebung des Gemeinschaftstriebes folgt er der Auffassung des Aristoteles. Die *imbecillitas,* die gerade bei Platon und Polybius von großer Bedeutung für eine Staatsentstehung ist, spielt bei Cicero eine geringe Rolle. Die Wichtigkeit der Rechtsgemeinschaft und der Gerechtigkeit haben sowohl Platon als auch die Stoa hervorgehoben.

iuris consensu et utilitatis communione: Die grundlegenden Faktoren, die einen Staat erst entstehen lassen, sind sozialer und ökonomischer Natur: Die gemeinsame Rechtsauffassung gewährleistet den inneren Zusammenhalt, der gemeinsame Nutzen sichert das Überleben der Individuen.

naturalis congregatio: erinnert an die o.a. Ansicht des Aristoteles

41 manu: von Menschenhand geschaffener Schutz im Gegensatz zum Schutz durch die natürliche Lage *(locis)*

oppidum – urbem: Für die Römer ist *oppidum* ein umfriedeter, fester Platz, eine kleine Landstadt, *urbs* dagegen eine stark befestigte große Stadt oder sehr oft einfach Rom selbst.

populus – civitas – res publica: die drei Stadien der Entwicklung, zugleich aber auch drei Aspekte des Staates: das Staatsvolk, die Gesellschaftsordnung, das Staatsganze

consilium: der geistige Faktor, der dem Staat Beständigkeit verleiht

42 aut uni ... aut delectis ... aut multitudini ...: Es werden die drei reinen Verfassungsformen, welche die antike Staatstheorie kannte, vorgestellt: Monarchie, Aristokratie, Demokratie. Da, wie zuvor festgestellt wurde, Gesellschaftsform und planende Absicht einander bedingen, hängt die Gesellschaftsstruktur von der Zahl der Entscheidungsträger ab. Scipio erklärt in Abschnitt 42 zuerst die reinen Verfassungsformen. Für Platon ist das Ideal die Herrschaft der Besten, der Philosophenkönige. Für die Realität führt er verschiedene Verfallsformen an. Für Aristoteles sind Tüchtigkeit, Freiheit und Vermögen für die führenden Männer in einem Staate ausschlaggebend, woraus er eine Mischverfassung von Aristokratie und Monarchie ableitet. Demokratie (verstanden als Herrschaft der Masse), Oligarchie (Herrschaft einer Gruppe von Reichen) und Tyrannis (Gewaltherrschaft eines einzelnen Mannes) sind für ihn Verfallserscheinungen. Das Modell einer Mischform, in der sich monarchische, aristokratische und demokratische Elemente ergänzen und durchdringen, wurde von dem Peripatetiker Dikaiarchos ausgebaut. Der Historiker Polybios (ca. 200–120 v. Chr.), der als Geisel nach Rom gekommen war und Freund des Scipio wurde, hat dann die Lehre von der Mischverfassung auf römische Verhältnisse übertragen. Sein Modell hat die folgenden Ausführungen Ciceros bzw. Scipios wesentlich beeinflusst.

civitas popularis: Ciceros Übersetzung für das griech. „demokratia" – daher auch der Hinweis *„sic enim appellant"* (sie, die griech. Theoretiker).

rex aequus et sapiens: *rex* war für die Römer ein stark negativ besetzter Begriff und wurde mit Tyrann gleichgesetzt. Daher trifft Cicero den Zusatz *„aequus et sapiens"*, der seine Leser auf den philosophisch gebildeten Herrscher im Sinne Platons hinweisen soll.

quamquam ... probandum: Dies entspricht der politischen Überzeugung Ciceros.

43 sed: leitet die Kritik Scipios (Ciceros) an jeder reinen Verfassung ein. Die Kritik wird mit Beispielen verdeutlicht, die gleichzeitig als Beweise dienen sollen.

Cyrus: Kyros II., König der Perser ca. 558–529 v. Chr., Begründer des Persischen Großreiches. Der griech. Schriftsteller Xenophon (ca. 430–nach 355 v. Chr.) hat ihn in einer idealisierenden Biografie („Kyroupädie") als Muster eines nach den Grundsätzen des Sokrates handelnden Herrschers dargestellt. Cyrus/Kyros wurde daher auch später oft als Beispiel für vornehme Haltung und Tatkraft angeführt.

Massilienses: Massilia (Marseille), um 600 v. Chr. von griechischen Kolonisten aus dem kleinasiatischen Ionien gegründet, hatte eine gemäßigt aristokratische Verfassung, wobei ein 600 Männer zählender Rat *(delecti ac principes viri)* die politische Macht ausübte. Massilia schloss sich schon im 2. Punischen Krieg Rom an und wählte die Scipionen zu seinen Patronen.

sublato Areopago: Der Areopag (Areshügel) war eine Erhebung westlich der Akropolis von Athen. Dort tagte der nach diesem Hügel benannte Rat, der ursprünglich die höchsten Regierungs- und Gerichtsbefugnisse in Athen ausübte. Der von Aristokraten gebildete und konservativ gesinnte Rat wurde dann von den Demokraten heftig bekämpft und 462 v. Chr. seiner politischen Macht enthoben. Der oberste Gerichtshof Griechenlands führt heute wieder den Namen „Areopag".

ornatus: Übersetzung Ciceros für das griech. „kosmos"

44 iter ... ad malum: Den jeweils reinen guten Verfassungen waren schon vor Cicero die Entartungen gegenübergestellt worden: Tyrannis, Oligarchie, Demokratie (verstanden als Pöbelherrschaft). Schon bei Aristoteles findet sich diese Zusammenstellung.

Phalaris: Gewaltherrscher in Agrigent (Sizilien) 570–554 v. Chr., berüchtigt wegen seiner Brutalität. Er soll Menschen bei lebendigem Leibe in einem hohlen, ehernen Standbild eines Stieres verbrannt haben und galt in der Antike als abschreckendes Beispiel eines grausamen Despoten.

triginta virorum factio: Nach Ende des Peloponnesischen Krieges wurde 403 v. Chr. von den siegreichen Spartanern in Athen eine aristokratische Regierung eingesetzt, die so genannten Dreißig Tyrannen.

45 orbes et quasi circuitus: Der Kreislauf der Staatsformen ist eine Theorie Platons, die dann in verschiedenen Variationen von allen wichtigen Staatstheoretikern der Antike übernommen wurde.

28 Vertiefung

1 Welche Ursachen führen nach Ciceros Auffassung zur Entstehung von Staaten? Erscheinen dir diese berechtigt?

2 Erläutere – mit Beispielen – die drei reinen Staatsformen! Gibt es diese heute noch? Vor allem: Kannst du dir etwas unter der Oligarchie *(arbitrium optimatium)* vorstellen?

3 Welche Vorteile, welche Nachteile bieten die drei reinen Staatsformen? Ist die Überlegenheit der römischen Mischverfassung berechtigt?

4 Wodurch könnte die Entartung *(perniciosa vitia)* der drei reinen Staatsformen veranlasst werden, und warum wäre die Mischverfassung stabiler?

AUGUSTINUS: *„DE CIVITATE DEI"*

Der Autor

Aurelius Augustinus (354–430 n. Chr.) gilt als der größte lateinische Kirchenlehrer Europas. Wie viele andere frühe Christen war er in seiner Jugend durchwegs dem glänzenden, weltlichen Leben zugetan, bis er unter dem Eindruck der Predigten des Ambrosius 386 n. Chr. bekehrt wurde und ein asketisches (enthaltsames) Leben wählte. Schließlich (395) wurde er Bischof von Hippo Regius in Nordafrika, wo er 430 während der Belagerung durch die Vandalen starb.
Sein bekanntestes Werk ist seine Autobiografie *„Confessiones"* (Bekenntnisse), während sein größtes Werk, die 22 Bücher des „Gottesstaates" *(„De civitate Dei")* seinen Ruf als wichtigsten christlichen Apologeten (Verteidiger) festigten.

Abb. 36: Augustinus von Hippo
(354–430 n. Chr.) Kupferstich, Stuttgart, Württembergische Landesbibliothek.

Das Werk

Im Gegensatz zu den heidnischen Historikern sieht Augustinus die Menschheitsgeschichte nicht als ewigen Kreislauf ständiger Wiederholungen, sondern als eine lineare Wirkungsgeschichte des göttlichen Willens von der Schöpfung bis zum unausweichlichen Weltgericht. Die Menschheit wird bestimmt durch den Kampf zwischen dem Gottesstaat und dem weltlichen Staat, wobei er diese Teilung jedoch philosophisch-ethisch und nicht als Identifikation mit katholischer Kirche einerseits und weltlichem Imperium Romanum andererseits verstanden wissen wollte.
Dennoch hatte diese Auffassung große Wirkung auf die Entwicklung der Zwei-Schwerter-Theorie des Mittelalters (den Gegensatz zwischen Papst und Kaiser), wie überhaupt seine Lehre auf die frühen Jahrhunderte des Abendlandes einen unschätzbaren Einfluss ausübte.

29 text

Augustinus von Hippo,
De civitate Dei, 5,12

Kritik an heidnischen Werten

Der folgende Ausschnitt behandelt die Kritik, die Augustinus – nach dem Fall Roms durch die Westgoten 410 n. Chr. – an der heidnischen Auffassung, dass das Christentum an der Eroberung Roms schuldig sei, übte. Er rechnet darin mit den römischen Werten – v. a. mit den von Sallust und Vergil überlieferten – ab und vertritt die Auffassung, dass einzelne *exempla* nicht die Überlegenheit heidnischer Lebensführung beweisen können.

Inhaltliche Zusammenfassung des unmittelbar vorhergehenden Textes:

Augustinus kritisiert an Sallust, dass dieser an Caesar und vergleichbaren erfolgreichen Männern deren kriegerische Erfolge hervorhebt, so dass

> [...] excitaret in bellum miseras gentes et flagello agitaret Bellona (➤ K) sanguineo, ut esset, ubi virtus eorum enitesceret.

Es folgt ein Vergil-Zitat (Aen. VIII, 646 ff.), aus dem hervorgeht, dass die „alten" Römer lieber sterben als die Freiheit verlieren wollten. Später aber habe die Ruhmsucht alles überlagert,

> [...] ut parum esset sola libertas, nisi et dominatio quaereretur, [...]

An einem weiteren Vergil-Zitat (Aen. I 279 ff.) – der bekannten Prophezeiung der Größe Roms aus dem Mund Jupiters – kritisiert Augustinus, dass Jupiter zwar *futura praedicentem* sei, aber in Wirklichkeit *iam facta recolebat cernebatque praesentia* (➤ K).

Hier setzt nun unser Ausschnitt ein mit einem Zitat des bekannten „Credo des Imperiums" (➤ T25, S. 87):

Hinc[1] est et illud eiusdem poetae, quod cum[2] artibus[3] aliarum gentium eas ipsas proprias Romanorum artes regnandi atque imperandi et subiugandi ac debellandi populos[4] anteponeret, ait:

„Excudent[5] alii spirantia mollius aera –
credo equidem –, vivos ducent de marmore vultus,
orabunt causas melius caelique meatus
describent radio et surgentia sidera dicent:
tu regere imperio populos, Romane, memento
(hae tibi erunt artes) pacique imponere morem,
parcere subiectis et debellare superbos."

Has artes illi tanto peritius exercebant, quanto minus se voluptatibus dabant[6] et enervationi[7] animi et corporis in concupiscendis et augendis divitiis et per illas moribus corrumpendis[8] rapiendo[9] miseris civibus, largiendo[10] scaenicis[11]

1 hinc ... quod ... ait: Es folgt darauf das Zitat desselben Dichters, in dem er sagt ... **2 cum**: wobei (cum modale, hier mit coni.!) **3 ars**, artis f.: Fähigkeit **4 populos**: Obj., abh. von den vorhergehenden Gerundia; diese sind wieder abh. von *artes*
5 excudent ff.: ➤ T25, S. 87 **6 se voluptatibus dabant**: sie gaben sich den Genüssen hin **7 enervatio**, -onis f.: Verweichlichung
8 moribus corrumpendis: durch die Verderbnis ihres Charakters **9 rapiendo miseris civibus**: indem sie die unglücklichen Mitbürger ausplünderten **10 largiendo**: indem sie verschwenderisch schenkten **11 scaenicus**, -i m.: Schauspieler

turpibus. Unde[12] qui tales[13] iam morum labe[14] superabant atque abundabant[15], quando[16] scribebat Sallustius ista canebatque Vergilius, non illis artibus ad honores et gloriam, sed dolis atque fallaciis ambiebant[17].

12 unde: daher (rel. Anschl.) **13 qui tales**: diejenigen, welche **14 morum labe**: durch den Schandfleck ihrer Moral **15 superare atque abundare**: im Überfluss besitzen **16 quando** = *cum* (temporale)
20 **17 ambio** 4: herangehen an

29 Kommentar

Augustinus von Hippo,
De civitate Dei, 5,12

Bellona: Bellona ist die Göttin des grausamen, ungeordneten Kriegs; ihr Attribut ist die blutige Geißel *(flagellum sanguineum)*. Sie steht damit im Gegensatz zu ihrem Bruder Mars, dem Gott des geplanten, siegreichen Feldzuges und dem Gründervater Roms. (Die Stelle ist ein gutes Beispiel dafür, wie die frühen Christen noch bis ins Mittelalter hinein heidnisches und christliches Gedankengut nach Gutdünken nebeneinander verwendeten.)
cernebat praesentia: Augustinus übersieht mit seiner Kritik geflissentlich die literarische Dimension von Vergils Werk: da die *„Aeneis"* in Vergils eigener mythischer Vergangenheit angesiedelt ist, können Verweise auf die Zukunft nur Bezüge zur Gegenwart des Dichters aufweisen und nicht echte Prophezeiungen sein.
18 voluptatibus dabant: Augustinus übernimmt hier, so wie allgemein, das sog. „Degenerationsschema" (= geschichtlicher Pessimismus) Sallusts, nach dem der Verfall der Moral mit dem Erstarken des Materialismus einherging. (Vgl. auch Einführung und Kommentare zum Sallust-Abschnitt in diesem Band, ➤ T8 und K8, S. 34 ff.)

29 Vertiefung

1 Wie versteht Vergil das „Credo", wie Augustinus? Zeige, wie Augustinus Vergils Absicht uminterpretiert!

2 Was wirft Augustinus den heidnischen Römern vor allem vor und wie stützt er sich dabei auf das Degenerationsschema Sallusts?

3 Zeige, wie die Römer – gleichgültig, ob Heiden oder Christen – die Geschichte primär nach ethischen Gesichtspunkten beurteilten!

4 Welche Parallelen zur Imperialismuskritik des Tacitus (Calgacus-Rede, ➤ T24, S. 84 f.) können festgestellt werden?

NICCOLÒ MACHIAVELLI: „IL PRINCIPE“

Abb. 37: Statue des Niccolò Machiavelli, Florenz. Die Schreibung Macchiavelli *(mit Doppel-c) ist eine lokale Variante.*

Der Autor

Machiavelli wurde 1469 in Florenz geboren, als Sohn eines vornehmen, aber verarmten Beamten. Schon frühzeitig trat er in den Dienst der Republik Florenz ein (als Sekretär der zweiten Kanzlei), wobei ihn zahlreiche diplomatische Missionen in viele italienische Städte, nach Frankreich und an den Hof Maximilians I. führten. Eine 1506 von ihm aufgestellte florentinische Bürgermiliz gegen die Rückkehr der Medici – die 1494 von Karl VIII. von Frankreich vertrieben worden waren –, versagte aber beim ersten Einsatz, so dass Florenz wieder unter die Herrschaft dieses Fürstengeschlechts geriet.

In der Folge wurde Machiavelli gefangen genommen und sogar gefoltert, jedoch nach wenigen Wochen wieder freigelassen, wonach er sich auf sein Landgut zurückzog. Dort entstand 1513 „Il principe“, ursprünglich unter dem lateinischen Titel *„De principatibus“*. Daneben arbeitete er an den „Discorsi“ über die ersten zehn Bücher des Livius, also über die Frühzeit der römischen Republik. Obwohl er sich immer wieder um die Gunst der herrschenden Medici bemühte und „Il principe“ wohl auch in diesem Sinn zu lesen ist, starb er schließlich 1527 in Verbitterung, kurz nachdem in Florenz wieder die Republik ausgerufen worden war.

Das Werk

Machiavellis Staatslehre in „Il principe“ machte ihn ebenso berühmt wie berüchtigt: Von seinen Gegnern als hemmungsloser Prediger einer machtbesessenen Alleinherrschaft gebrandmarkt, sahen seine Anhänger in dem Werk vor allem die realistische Einschätzung der Staatsräson, einer Politik, die das Machbare in den Vordergrund stellt und frei von ethischen Rücksichten ist. Tatsächlich entdeckte Machiavelli die Notwendigkeit der Macht als politisches Ordnungsprinzip, dennoch ist sein Werk keineswegs so sehr erfüllt von politischem Zynismus, wie ihn der Volksmund unter „machiavellisch“ zu verstehen glaubt.

E4 text

Niccolò Machiavelli,
Il Principe, 17. Buch (Ausschnitte)

Der Fürst zwischen Grausamkeit und Milde

[...], dico che ciascuno principe debbe desiderare di essere tenuto pietoso e non crudele: non dimanco debbe avvertire di non usare

[...] ich sage, dass jeder Fürst danach trachten muss, für milde und nicht für grausam gehalten zu werden; doch muss er sich vorsehen, keinen falschen Gebrauch

male questa pietà. [...] Debbe, pertanto, uno principe non si curare della infamia di crudele, per tenere li sudditi suoi uniti e in fede; perché, con pochissimi exempli, sarà piú pietoso che quelli e' quali, per troppa pietà, lasciono seguire e' disordini, di che ne nasca occisioni o rapine. [...]

[...] e procedere in modo, temperato con prudenzia e umanità, che la troppo confidenzia non lo facci incauto e la troppo diffidenzia non lo renda intollerabile.

Nasce da questo una disputa: s'egli è meglio essere amato che temuto, o e converso. Rispondesi che si vorrebbe essere l'uno e l'altro; ma perché egli è difficile accozzarli insieme, è molto piú sicuro essere temuto che amato, quando si abbia a mancare dell'uno de' dua.

von der Milde zu machen [...] Einen Fürsten darf es daher nicht kümmern, der Grausamkeit bezichtigt zu werden, wenn er dadurch bei seinen Untertanen Einigkeit und Ergebenheit aufrecht erhält; er erweist sich als milder, wenn er nur ganz wenige Exempel statuiert, als diejenigen, die aus zu großer Milde Missstände einreißen lassen, woraus Mord und Raub entstehen. [...]

[Der Fürst] muss maßvoll handeln, gezügelt durch Klugheit und Menschenfreundlichkeit, damit zu große Gutgläubigkeit ihn nicht unvorsichtig macht und zu großes Misstrauen ihn nicht unerträglich werden lässt.

Daraus ergibt sich die Streitfrage, ob es besser ist, geliebt als gefürchtet zu werden oder umgekehrt. Die Antwort ist, dass man das eine wie das andere sein sollte; da es aber schwer fällt, beides zu vereinigen, ist es viel sicherer, gefürchtet als geliebt zu werden.

Übersetzung v. Philipp Rippel, Stuttgart 1986

E4 Vertiefung

1 Inwiefern trifft das berühmte lateinische Sprichwort „*Oderint, dum metuant*", das schon die berüchtigten Kaiser Caligula und Nero zitierten, auf die obige Stelle zu? Kann dieser Grundsatz seine Berechtigung haben?

2 Zeige an der obigen Stelle, dass Machiavelli nicht der kalte Zyniker ist, als der er meistens verschrieen wird. In welchem Verhältnis stehen einander Menschenfreundlichkeit und Härte gegenüber?

3 Suche im italienischen Originaltext nach Wörtern und Begriffen, die direkt aus dem Lateinischen übernommen wurden, und vergleiche ihre Bedeutung mit Hilfe der deutschen Übersetzung! Wenn möglich, erkundige dich, ob diese Wörter im modernen Italienisch auch noch existieren.

THOMAS MORUS: „UTOPIA"

Der Autor

Sir Thomas More (1478–1535) war der bedeutendste Staatsmann unter dem englischen König Heinrich VIII. Er wurde 1521 zum Ritter erhoben und 1529 Lord Kanzler (das höchste weltliche Amt des Königreichs). More hatte sich immer schon gegen die vom Papst abgelehnte Scheidung des Königs von Katharina von Aragonien gestellt, trat aber erst zurück, als der König den Bruch mit Rom vollzog und sich zum alleinigen Kirchenoberhaupt machte (Gründung der bis heute bestehenden Church of England). More wurde schließlich 1534 verhaftet und des Hochverrats angeklagt. Am 6. Juli 1535 wurde er hingerichtet.

Abb. 38: Thomas More, *Hans Holbein d. J., Ölgemälde (1527), New York, Frick Collection.*

Durch seine Freundschaft mit Erasmus von Rotterdam wurden seine Werke – allen voran „Utopia" – auch auf dem Kontinent außerordentlich schnell bekannt; hier galt er als der berühmteste Engländer seiner Zeit.

Das Werk

„Utopia" machte More mit einem Schlag weltberühmt. Das Werk erschien 1516 in lateinischer Sprache in mehreren Auflagen, aber erst 1551 in einer englischen Übersetzung. Eine deutsche Übersetzung war bereits 1524 erschienen.
„Utopia" ist ein neo-griechisches Kunstwort und bedeutet „Nirgendwo", d. h. einen Staat, der nirgends existiert. Das Werk besteht aus zwei Büchern, die von einem fiktiven Charakter namens Hythlodaeus (griech. „der Schwätzer") getragen werden. Hythlodaeus erzählt darin (teils in „ciceronianischen" Dialogen, im 2. Buch als „Reisebericht") von einem – fiktiven – Inselstaat namens Utopia, auf dem die Bewohner in Harmonie und Eintracht in einer Art „Kommunismus" leben. Überhaupt seien alle Einrichtungen dieses Staates, von der Anordnung der Städte bis zur – ungern gesehenen – Kriegsführung, den Staaten seiner, bzw. Mores, Zeit überlegen.
Es ist bis heute nicht ganz geklärt, was More mit dem Werk beabsichtigte: den Menschen und Herrschern seiner Zeit den Spiegel vorzuhalten, ein echtes Gegenbild zu entwerfen, oder nur eine ironisch-intellektuelle Gedankenspielerei? Von all dem sind Elemente in diesem Werk enthalten, aber auch von den zahlreichen Reiseberichten, die im Jahrhundert der Entdeckungen – Kolumbus' Entdeckung von Amerika lag erst zwanzig Jahre zurück! – für Aufsehen und Faszination in Europa sorgten.

Sicher ist jedenfalls, dass die „Utopia" Namen gebend für alle Arten fiktiver Reisen und politischer Wunschvorstellungen wurde und auch eine ungeheure Menge literarischer Nachfolger produzierte, bis in die siebziger Jahre des 20. Jhs., als das Genre der politisch-sozialkritischen Utopie – deren bekanntestes Beispiel heute Orwells 1949 erschienener Roman „1984" ist – zur reinen Unterhaltungsliteratur der Science Fiction und Fantasy mutierte.

30 text

Thomas Morus,
Utopia, Einleitung

Das Einleitungsgedicht – Erklärung des Begriffs „Utopia“

Das folgende Gedicht – in sechshebigen Jamben – gibt vor, von einem *„poeta laureatus“* (einem „lorbeergekrönten“ Hofdichter) namens Anemolius (= der „Windige“) zu stammen; sein wahrer Autor ist aber unbekannt. Das Gedicht erschien in allen frühen Ausgaben.

Utópia príscis[1] dícta[2] ob ínfrequéntiám[3],
Nunc civitatis aemula Platonicae[4],
Fortasse victrix (nam quod illa litteris
Delineavit[5], hoc ego una praestiti[6]
Viris et opibus, optimisque legibus):
Eutopia merito sum vocanda nomine.

1 priscis: von den Alten (dat. auct. beim PPP), ➤ K **2 dicta**: erg. *sum* (die Insel „spricht von sich selbst“) **3 infrequentia**, -ae f.: h. geringe Bekanntheit, große Entfernung **4 civitas Platonica**: Platos „Staat“, ➤ K **5 delineo** 1: skizzieren **6 praesto** 1, -stiti: leisten, verwirklichen

30 kommentar

Thomas Morus,
Utopia, Einleitung

1 Utopia – Eutopia: Griechisches „ou“ und „eu“ werden im Englischen gleich ausgesprochen, daher das Wortspiel. Wörtlich heißt U-topia „kein Platz“ und Eu-topia „guter Platz“.
priscis: Die „Alten“ meinen die klassische Antike; es wird die Fiktion aufgestellt, dass Utopia schon im Altertum erwähnt worden war (ähnlich wie Platos bis heute rätselhaftes „Atlantis“!).
2 civitas Platonica: Der berühmte griechische Philosoph Plato (427–347 v. Chr.) hatte in seinen Schriften „Politeia“ („Staat“) und „Nomoi“ („Gesetze“) die Schaffung eines Idealstaates als Grundlage für die Verwirklichung des Guten gefordert, wobei es ihm allerdings mehr um die Theorie als die Praxis ging. Thomas More nahm in seiner „Utopia“ den platonischen Staat zum Ausgangspunkt seiner Überlegungen.
4 praestiti: Das Gedicht hält die Fiktion aufrecht, dass Utopia wirklich existiere und daher den rein theoretischen Ansatz Platos überflügle *(victrix)*.

30 vertiefung

1 Welche Elemente einer Utopie klingen bereits in diesen wenigen Zeilen an?

2 Wodurch ist uns Plato heute vor allem bekannt? (Denke an die „Ideenlehre“!)

3 Der Begriff „Dystopia“ ist das pessimistische Gegenteil zur „Utopia“. Inwiefern ist Orwells bekannter utopischer Roman „1984“ das beste Beispiel dafür?

31 text

Thomas Morus,
Utopia, I. Buch (Ausschnitte)

Der „Kommunismus“ der Utopier

Das Latein der „Utopia“ ist stark von dem allgegenwärtigen Vorbild Cicero beeinflusst, wie es für den Humanisten Morus selbstverständlich war. Für heutige Leser ist es eher schwierig zu verstehen, weshalb in den folgenden Ausschnitten längere Perioden gekürzt wurden.

Quamobrem cum apud animum meum reputo prudentissima [...] instituta Utopiensium, apud quos tam paucis legibus tam commode[1] res[2] administrantur [...] et tamen aequatis rebus[3] omnia abundent omnibus, [...] comparo tot nationes alias, semper ordinantes[4] nec ullam satis ordinatam; [...] in quibus, quod quisque nactus fuerit, suum vocat privatum, quorum[5] tam multae in dies[6] conditae[7] leges non sufficient, ut [...] quisquam tueatur[8] [...]. [Plato] facile praevidit, homo prudentissimus, unam atque unicam illam esse viam ad salutem publicam, si rerum indicatur[9] aequalitas: quae nescio an umquam possit observari, ubi sunt singulorum propria[10].

1 commode (adv.): bequem, praktisch **2 res** (pl.): der Staat

3 aequatis rebus: nach gleicher Verteilung der Güter
4 ordino 1: ordnen

5 quorum: bei denen **6 in dies**: tägliche **7 condo** 3, -didi, -ditus: gründen, h. erlassen **8 tueor** 2: in Sicherheit haben

9 indico 1: anordnen **10 singulorum propria**: Eigentum von Privatpersonen

31 kommentar

Thomas Morus,
Utopia, I. Buch (Ausschnitte)

5 aequatis rebus: Der Begriff „Kommunismus“ ist in diesem Zusammenhang natürlich ein Anachronismus (= ein für die entsprechende Zeit unpassender Modernismus). Von Kommunisten spricht man erst seit dem frühen 19. Jh.; durch die großen sozialistischen Bewegungen dieser Zeit wurde der Begriff schließlich Gemeingut. Aber das Prinzip – Aufhebung des Privateigentums, alles gehört allen – trifft auch schon auf Mores Werk und sein Vorbild Plato zu. Sogar Iulius Caesar berichtet im IV. Buch des *„Bellum Gallicum“* (IV,1) von den Sueben, die kein privates Ackerland kannten – und dies ganz ohne utopisches Modell als Vorbild (➤ K32, S. 112 f.).

31 vertiefung

1 Alle Versuche, den Kommunismus „real“ durchzusetzen, sind gescheitert; was könnte deiner Meinung nach dafür der Grund sein?

2 Ist es richtig, dass Gesetze nicht ausreichen, um Privateigentum wirklich zu schützen? Welche Maßnahmen ergreifen viele Wohlhabende, um sich und ihr Eigentum abzusichern?

32 text

Thomas Morus,
Utopia, II. Buch (Ausschnitte)

Stadt und Land

Agri ita commode[1] civitatibus[2] assignati sunt, ut ab nulla parte minus soli[3] quam XII passuum milia una quaevis habeat [...]. Nulli urbi cupido [est] promovendorum[4] finium. Quippe quos habent[5], agricolas magis eorum se quam dominos putant. [...]

Nulla familia rustica in viris mulieribusque pauciores habet quam quadraginta, praeter duos [...] servos, quibus pater materque familias graves ac maturi[6] praeficiuntur, et singulis tricenis familiis phylarchus[7] unus. E quaqua[8] familia viginti quotannis[9] in urbem remigrant, hi qui biennium ruri[10] complevere[11]. In horum locum totidem[12] recentes[13] ex urbe surrogantur[14], ut ab his, qui annum ibi fuere atque ideo[15] rusticarum[16] peritiores rerum, instituantur, alios anno sequente docturi[17] [...].

1 commode (adv.): bequem, praktisch **2 civitas**, -atis f.: Stadt **3 solum**, -i n.: Ackerboden

4 promoveo 2, -movi, -motus: ausdehnen, vergrößern **5 quippe quos habent**: denn von dem Ackerland, das sie haben

6 maturus 3: reif (vgl. dt. Matura!) **7 phylarchus**, -i m.: Bezirksvorsteher (griech.) **8 quaqua**: v. *quisquis* (adj.) **9 quotannis**: jährlich

10 ruri: auf dem Lande (Lokativ) **11 complevere**: *compleverunt* **12 totidem**: genau so viele **13 recens**, -ntis: frisch **14 surrogo** 1: nachwählen lassen **15 ideo**: also **16 rusticarum**: bez. auf *rerum* **17 docturi**: um ... zu lehren

32 kommentar

Thomas Morus,
Utopia, II. Buch (Ausschnitte)

1 civitatibus: More bezieht sich hier deutlich auf die griechische „polis", den Stadtstaat, der die eigentliche Stadt und die dazugehörenden Ländereien umfasste. Er erwähnt 54 utopische Städte, was im Wesentlichen den 53 Grafschaften („counties") von England und Wales der damaligen Zeit entsprach.

4 f. cupido promovendorum finium: Hier, wie auch an vielen anderen Stellen (➤ auch T33, S. 113) kommt das Fehlen der Habgier in der gesellschaftlichen Struktur Utopias zum Ausdruck. More zeichnet damit nicht nur ein Gegenbild zur Welt seiner Zeit, sondern auch zur späten römischen Republik, die ja, wie Sallust meinte, dem Materialismus verfallen war. (Als Humanist kannte More selbstverständlich alle klassischen antiken Texte.)

8 familia rustica: More verwendet hier bewusst den Begriff *familia,* der ja in der alten römischen Republik alle in einem Haushalt lebenden Personen, also auch die Sklavenschaft, mit einbezog. In diesem Sinn ist auch die Beschreibung der *pater materque familias* (die Mutter ist eine Neuerung gegenüber altrömischer Tradition!) als *graves ac maturi* zu verstehen. Altrömische Strenge wird hier mit gegenbildlicher Utopie gepaart.

13 f. viginti ... remigrant: Auch diese Stelle erinnert an Caesars Sueben-Exkurs (Bell. Gall. IV 1). Die Sueben schicken jährlich eine bestimmte Anzahl von Soldaten in den Krieg und lassen andere wieder zu Hause, um weder Kriegsführung noch Ackerbau zu unterbrechen:

Sueborum gens est longe maxima et bellicosissima Germanorum omnium. Hi centum pagos[1] habere dicuntur, ex quibus quotannis singula milia armatorum[2] bellandi causa suis ex finibus educunt. Reliqui, qui domi manserunt, se atque illos alunt. Hi rursus invicem[3] anno post[4] in armis sunt, illi domi remanent. Sic neque agricultura nec ratio atque usus belli[5] intermittitur. Sed privati ac separati agri apud eos nihil est[6], neque longius anno remanere uno in loco colendi causa[7] licet.

1 pagus, -i m.: Gau, Bezirk **2 singula milia armatorum**: je tausend Bewaffnete **3 invicem**: wechselweise **4 anno post**: im Jahr darauf **5 ratio atque usus belli**: die Methode und die Praxis der Kriegsführung **6 privati ac separati agri ... nihil est**: es gibt kein privates und eigenes Ackerland **7 colendi causa**: um das Land zu bebauen

32 Vertiefung

1 Wodurch macht der Text deutlich, dass die Utopier zwar kaum Gesetze, aber dafür sehr viele Verhaltensregeln haben?

2 Vergleiche die obige Stelle aus Caesars Sueben-Exkurs (➤ K) mit ➤T31 und 32 hinsichtlich ihrer Ähnlichkeit und Verschiedenheit. Was könnte More beeinflusst haben, Gedanken daraus zu übernehmen?

33 text

Thomas Morus,
Utopia, II. Buch (Ausschnitt)

Gold und Silber in Utopia

Zum leichteren Verständnis wird der Stelle eine moderne englische Übersetzung gegenübergestellt.

Ergo haec metalla si apud eos in turrim aliquam abstruderentur, princeps ac senatus in suspicionem venire posset (ut est vulgi stulta sollertia) ne, deluso per technam populo, ipsi aliquo inde commodo fruerentur. Porro si phialas inde aliaque id genus opera fabre excusa atque in militum eroganda stipendium, vident nimirum fore, ut aegre patiantur avelli, quae semel in deliciis habere coepissent.
His rebus uti occurant, excogitavere quondam rationem, ut reliquis ipsorum institutis consentaneam, ita ab nostris (apud quos aurum tanti fit ac tam diligenter conditur) longissime abhorrentem, eoque nisi peritis non credibilem.

And so, if in Utopia gold and silver were kept locked up in some tower, smart fools among the common people might concoct a story that the governor and senate were out to cheat ordinary folk and get some advantage for themselves. Of course, the gold and silver might be put into plate-ware and such handiwork, but then they see that in case of necessity the people would not want to give up articles on which they had begun to fix their hearts – only to melt them down for soldiers' pay.

To avoid these problems they thought of a plan which conforms with the rest of their institutions as sharply as it contrasts with our own. Unless one has actually seen it working, their plan may seem incredible, because we prize gold so highly and are so careful about guarding it.

Nam cum in fictilibus e terra vitrioque elegantissimis quidem illis sed vilibus tamen edant bibantque, ex auro atque argento non in communibus aulis modo sed in privatis etiam domibus matellas passim ac sordidissima quaeque vasa conficiunt.

While they eat from earthenware dishes and drink from glass cups, finely made but inexpensive, their chamber pots and all their humblest vessels, for use in the common halls and even in private homes, are made of gold and silver.

Robert M. Adams, Cambridge 1975, rev.

33 Kommentar

Thomas Morus,
Utopia, II. Buch (Ausschnitt)

22 sordidissima vasa etc.: Die Verachtung der Edelmetalle wird von früheren und zeitgenössischen Autoren auch von verschiedenen Naturvölkern berichtet. So sagt Tacitus in seiner *„Germania“*, dass die alten Germanen Silbergefäße nicht mehr schätzten als Tongefäße (Germ. 5). Auch Amerigo Vespucci (1451–1512), nach dem Amerika benannt wurde, bemerkte das Desinteresse der Ureinwohner („Indianer“) an Gold und Edelsteinen.

33 Vertiefung

1 Finde die entsprechenden lateinischen Begriffe für die folgenden Phrasen aus der englischen Übersetzung: „smart fools“, „handiwork“, „on which they had begun to fix their hearts“, „because we prize gold so highly and are so careful about guarding it“. Versuche danach, entsprechende gute deutsche Übersetzungen herzustellen!

2 Was ist wohl der Grund für die noch immer bestehende Hochschätzung der Edelmetalle?

***Abb. 39: Karte zu Thomas Mores „Utopia“**, Louvain (1516), Stockholm, Schwedische Nationalbibliothek.*

TEIL V
PROPAGANDA UND RHETORIK AUS ÖSTERREICH

E5 text

Meilensteine zur Kennzeichnung einer Wegstrecke waren wohl schon den Persern und Griechen bekannt. Die römischen *milliaria* sind seit dem 3. Jh. v. Chr. nachzuweisen und standen auf öffentlichen Straßen in Abständen von ca. 1,5 km *(mille passus* = 1000 Doppelschritte = 1 Meile; das Wort „Meile“ ist ja aus dem Lateinischen abgeleitet). Meilensteine enthielten die Namen der amtierenden Konsuln, Statthalter oder des jeweils regierenden Kaisers (wie es hier der Fall ist), sowie die Entfernung nach Rom oder zur nächsten größeren Provinzstadt. Durch Hinweise auf die Wohltaten des jeweiligen Herrschers sind sie auch ein Mittel der Propaganda.

Der berühmteste Meilenstein – das *milliarium aureum,* die vergoldete „Nullmeile“ des Augustus – stand in Rom. Davon leitet sich das Sprichwort „Alle Wege führen nach Rom“ ab.

Meilenstein aus Aelium Cetium

Die Wiedergabe der Inschrift ist sinngemäß ergänzt.

[Imp(erator)] CAES(ar)
C(aius) IUL(ius) VERUS
MAXIMUS
P(ius) F(elix i)NVICTUS AUG(ustus) [pon]
TIFEX MAX(imus) TRIB(unicia) [pot(estate)]
II CO(n)s(ul) P(ater) P(atriae) PROCO(n)S(ul)
C(aius) IUL(ius) VERUS MAXI[mus]
NOBILIS(simus) CAES(ar) PRIN[ceps]
I(u)VENTUTIS DO(mini) INDUL[gen(tissimi)]
PONTES REFECERU[nt vias]
MUN(i)ERU(n)T MILIA[ria]
RESTITUERUNT
A CETIO M(ilia) P(assuum) XXII[..?]

Übersetzung

Imperator Caesar Caius Iulius Verus Maximus, der Fromme, Glückliche und Unbesiegte, Augustus, Oberpriester, Inhaber der tribunizischen Gewalt zum 2. Mal, Konsul, Vater des Vaterlandes, Prokonsul und Caius Iulius Verus Maximus, der edelste Caesar, Anführer der Jugend, die (beiden) gnädigsten Herren, haben Brücken wiederhergestellt, die Straßen gangbar gemacht und Meilensteine wieder aufgestellt. Entfernung von Cetium 22 (23 oder 24) Meilen.

Abb. 40: Römischer Meilenstein aus Aelium Cetium – heute St. Pölten, (236 n. Chr.), Stadtmuseum Tulln.

E5 Kommentar

1 Imperator ...: Gemeint ist der uns unter dem Namen Maximinus Thrax (M., der Thraker) bekannte erste Soldatenkaiser (235–238 n. Chr.). Er wurde von seinen Soldaten zum Kaiser erhoben; 236 kämpfte er an der Donau gegen Sarmaten und Daker (aus dieser Zeit stammt der Meilenstein). Nach einer Revolte wurde er zusammen mit seinem Sohn Iulius (hier als *„princeps iuventutis"* tituliert – s. u.) von den meuternden Legionen erschlagen.
4 f. pontifex maximus etc.: Die übliche Kaisertitulatur enthält zahlreiche republikanische Ämter und geht noch auf Augustus zurück, der ja auch nur als *„princeps"* = *„primus inter pares"* angesehen werden wollte.
8 f. princeps iuventutis: Seit Augustus erhielten die Thronfolger den – ursprünglich republikanischen – Ehrentitel „Jugendführer". Davon leitet sich unser „Prinz" ab.
13 Cetio: Aelium Cetium war der römische Vorläufer des heutigen St. Pölten (Landeshauptstadt von Niederösterreich).

E5 Vertiefung

1. Welche Wohltaten des Kaisers werden hier erwähnt?
2. Finde in der Abbildung und in der Wiedergabe sprachliche Besonderheiten des Inschriftenlateins.

E6 Text

Die Pestsäule in Wien

Die so genannte „Pestsäule" am Graben in Wien I., eigentlich Dreifaltigkeitssäule, wurde anlässlich eines Gelübdes, das Kaiser Leopold I. 1679 während der Pestseuche geleistet hatte, errichtet und war ursprünglich nur aus Holz. Von ihrer provisorischen Kanzel aus predigte der bekannte Volksprediger Abraham a Sancta Clara. Von 1682–1693 wurde die 70 000 Gulden teure, jetzige steinerne Säule errichtet. Das Denkmal wurde in der Vergangenheit und Gegenwart wiederholt renoviert, zuletzt 2005.

A Vorderseite

Tibi[1], regi saeculorum immortali, uni in essentia[2] et trino[3] in personis, Deo, infinite[4] bono, aeterno et immenso, cuius dexterae[5] omnia sunt possibilia, cuius sapientiae nihil est absconditum[6], cuius providentia[7] in sua dispositione[8] non fallitur, cuius maiestate impletur universum, cuius misericordia supra omnia opera (est)!

1 **1 Tibi ... Deo**: die Dative sind kennzeichnend für Widmungsinschriften; ergänzen muss man sich sinngemäß ein „ist geweiht" oder „ist gewidmet" **2 essentia**, -ae f.: Wesen **3 trinus** 3: dreifaltig **4 infinite** (adv.): unendlich **5 dextera**, -ae f.: die rechte (Hand) **6 absconditus** 3: verborgen **7 providentia**, -ae f.: Vorsehung **8 dispositio**, -onis f.: Heilsplan (➤ K)

B Linke Seite

Tibi, inquam, sanctissimae ac individuae trinitati[1], ego, Leopoldus, humilis servus tuus, gratias ago, quas possum, maximas[2], pro aversa[3] anno MDCLXXIX per summam benignitatem[4] tuam ab hac urbe et Austriae provincia dirae pestis lue[5] atque in perpetuam debitae gratitudinis tesseram[6] praesens monumentum[7] demississime[8] consecro.

1 **1 trinitas**, -atis f.: Dreieinigkeit (➤ K, A Vorderseite) **2 quas possum, maximas**: den größtmöglichen (bez. auf *gratias!)* **3 pro aversa**: bez. auf *lue* (➤ 5) **4 benignitas**, -atis f.: Güte **5 lues**, -is f.: Unheil, Leid; *pro aversa lue:* für die Abwendung des Leids
5 **6 in perpetuam ... tesseram**: zum dauernden Zeichen **7 praesens monumentum**: das gegenwärtige Denkmal **8 demississime** (adv.): demütigst

C Rechte Seite

Suscipe[1], clementissime Deus[2], servi tui demisse[3] te adorantis vota[4] et me, coniugem, liberos domumque meam, populos et exercitus meos, regna ac provincias continua misericordiae tuae protectione[5] guberna[6], custodi, defende! Ita vovi anno Domini, salvatoris[7] nostri, Iesu Christi.

1 **1 suscipe**: bez. auf *vota*, suscipio 3M, -cepi, -ceptus: annehmen **2 clementissime Deus**: gütigster Gott (kein Vok. bei *deus!)* **3 demisse** (adv.): demütig **4 votum**, -i n.: Gelübde **5 protectio**, -onis f.: Schutz (vgl. engl. protection) **6 guberno** 1: lenken
5 **7 salvator**, -oris m.: Heiland

***Abb. 41: Pestsäule** (errichtet 1682–1693), Wien, Graben.*

E6 Kommentar

A uni in essentia ...: Die Dreifaltigkeit (oder Dreieinigkeit) Gottes (Gott Vater, Jesus, Heiliger Geist) ist eine der Grundlagen der christlichen Kirche; sie betont die Einheit Gottes, zugleich aber ihre drei personellen Ausprägungen.

in sua dispositione: Angesichts immer wiederkehrender Katastrophen (wie der Pest) durfte der Heilsplan Gottes nicht in Frage gestellt werden, d. h. dass die gesamte Menschheitsgeschichte durch alle Irrungen und Abgründe von Gott auf das ewige Heil hin gelenkt wird.

B inquam: Durch den Einschub wird die Inschrift als ein Gebet des Kaisers an die hl. Dreifaltigkeit dargestellt.

ego, Leopoldus, humilis servus tuus: Der Kaiser ist nur Gott untertan, alle übrigen aber dem Kaiser; das wird auch durch die bildliche Darstellung – Leopold kniet betend im obersten Stockwerk der Säule – zum Ausdruck gebracht.

C et me, coniugem ... provincias: Der Kaiser sieht sich und seine Familie als Garant für den Fortbestand des Reiches; deswegen stehen sie an erster Stelle (Leopold hat die Inschrift selbst verfasst!)

anno domini: „Im Jahre des Herrn" bedeutet soviel wie „nach Christus" (im Engl. noch immer „A. D."!). Hier haben die Worte aber auch eine ausgesprochen religiöse Bedeutung, was sich auch durch den Zusatz *„salvatoris Iesu Christi"* ergibt.

E6 Vertiefung

1 Wie ist aus der Inschrift die tiefe religiöse Überzeugung des Kaisers zu erkennen?

2 Wie ist die Inschrift (und die ganze Säule) auch zugleich Propaganda für den Kaiser?

E7 text

Das Wiener Heldendenkmal (Äußeres Burgtor)

Das alte äußere Burgtor, 1660 unter Leopold I. errichtet, wurde 1809 im Zuge der napoleonischen Kriege von den Franzosen zerstört. Das neue äußere Burgtor wurde 1821 begonnen und 1824 von Peter Nobile im klassizistischen Stil vollendet.

Auf der Innenseite ist einer der Wahlsprüche von Kaiser Franz I. zu lesen:

IUSTITIA. REGNORUM. FUNDAMENTUM.

1933–34 wurde das Burgtor von Rudolf Wondracek zum Heldendenkmal in Erinnerung an die Gefallenen des 1. Weltkrieges umgestaltet. Auch heute noch werden bei feierlichen Anlässen Kränze von Staatsoberhaupt und Regierungsspitze an diesem Heldendenkmal niedergelegt. Es trägt nun auf der Außenseite die Inschrift:

FRANCISCUS. I. IMPERATOR. AUSTRIAE. MDCCCXXIV.
LAURUM[1]. MILITIBUS. LAURO. DIGNIS[2]. MDCCCCXVI.

1 laurum, -i n.: Lorbeer **2 dignis**: bez. auf *militibus* (Sperrung); der Dativ drückt die Widmung aus.

E7 Vertiefung

1 Der Wahlspruch *„Iustitia regnorum fundamentum“* wurde von Franz I. 1804 angenommen. Welche für Österreich besonders wichtige Entscheidung fand in diesem Jahr statt?

2 Ein weiterer Wahlspruch des Kaisers lautete *„lege et fide“*, den er anlässlich seiner Krönung 1792 annahm. Was bedeutet dieser?

3 Kannst du dich mit der Widmung an die Soldaten des ersten Weltkriegs identifizieren? Welche Auffassung vom Krieg steckt hier dahinter?

***Abb. 42: Äußeres Burgtor**, Wien.*

E8 **t**ext

Die Pummerin

Die „Pummerin“ zu St. Stephan in Wien ist die zweitgrößte Glocke Westeuropas.

Die alte Pummerin – ihr Name leitet sich von ihrem tiefen Klang ab – wurde 1945 in den letzten Tages des 2. Weltkrieges beim Brand des Domes zerstört. Sie wurde ursprünglich nach der Befreiung Wiens nach der Türkenbelagerung 1683 aus dem Metall eroberter Kanonen gegossen.

Die neue, jetzige Pummerin wurde vom Bundesland Oberösterreich dem Dom von St. Stephan gespendet und 1952 durch Kardinal Innitzer feierlich geweiht. Sie hat einen Durchmesser von 3,14 m und eine Höhe von 2,94 m. Ihr Gewicht beträgt 21 383 kg. Sie zeigt verschiedene ornamentale Reliefs und unter anderem drei Chronogramme (Inschriften mit integrierter Jahreszahl), die über ihre Geschichte Auskunft geben (s. u.). Bekannt geworden ist der Klang der Pummerin vor allem durch das Einläuten des jeweiligen Neuen Jahres zu Mitternacht.

Angaben nach: Domerhaltungsverein St. Stephan, Wien

Die Inschriften (Chronogramme)

V steht sowohl für v als auch für u!

fVsa eX praeDa tVrCorVM Vrbe eXsangVI
hostIs potentIa fortIter sVperata IVbILante.

Gegossen bin ich aus der Beute der Türken, als die ausgeblutete Stadt nach Überwindung der feindlichen Macht jubilierte.

Zur Erfassung der Jahreszahl musst du die einzelnen römischen Zahlzeichen (Großbuchstaben), am besten mit einem Taschenrechner, zusammenrechnen.

ConfraCta InCenDII aestV rVI eX tVrrI
Vastata Vrbe beLLo angoreqVe geMente

Geborsten bin ich in der Glut des Brandes. Ich stürzte aus dem verwüsteten Turm, als die Stadt unter Krieg und Ängsten seufzte.

Die dritte Inschrift ist die eigentliche Weihinschrift:

resta Vrata theoDoro CarDInaLI InnItzer
henrICo gLeIssner Iu Vante
geIsz CarLo opIfICe
ConseCrata
regInae aVstrIae
Vt potentI eIVs preCe sIt paX In LIbertate

Wiederhergestellt unter Kardinal Theodor Innitzer, über Bemühung von Heinrich Gleißner, durch den Werkmeister Karl Geisz; geweiht der Königin von Österreich (= der Jungfrau Maria), damit durch ihre mächtige Fürbitte Friede sei in Freiheit.

Übers.: Domerhaltungsverein St. Stephan

(Zur Erinnerung: I = 1, V = 5, X = 10, L = 50, C = 100, D = 500, M = 1000)

Wie lauten die Jahreszahlen?
Die Auflösung findest du auf S. 122.

E8 **k**ommentar

5 Kardinal Theodor Innitzer lebte von 1875–1955. Er wurde 1932 Erzbischof von Wien, ein Jahr darauf Kardinal. Den Anschluss Österreichs (1938) erkannte er zunächst an, wurde aber sehr bald ein Gegner des Nationalsozialismus, wobei er vom Papst jedoch als zu nachgiebig kritisiert wurde. Er erwarb sich durch verschiedene soziale Engagements große Verdienste.

6 **Heinrich Gleißner** (1893–1984) war insgesamt 30 Jahre Landeshauptmann von Oberösterreich (1934–1938, 1945–1971). Im Jahre 1951 unterlag er Theodor Körner knapp bei der Stichwahl zum Bundespräsidenten. Während seiner Amtszeit wurde u.a. die Johannes-Kepler-Universität in Linz gegründet.

ANTON WILDGANS: „REDE ÜBER ÖSTERREICH"

Der Autor

Anton Wildgans (1881–1932) war bis 1912 Richter, lebte danach als freier Schriftsteller und leitete zweimal auch das Wiener Burgtheater. Von seinen zahlreichen Werken ist neben der „Rede über Österreich" das satirische Hexameterepos „Kirbisch" (1927) heute am bekanntesten.

Die Rede

Wildgans hielt diese Rede am 1. Jänner 1929 im Österreichischen Rundfunk, also in der Zeit der großen Weltwirtschaftskrise, als der Glaube an ein selbstständiges Überleben Österreichs auf einem Tiefpunkt war. Er betont darin zwar ausdrücklich die Zugehörigkeit Österreichs zum deutschsprachigen Kulturkreis, wendet sich aber ebenso entschieden gegen jedes großdeutsche Gedankengut, das er verächtlich als „Germanentum" abqualifiziert. Am nachhaltigsten wirkte seine Rede durch die Identifikation Österreichs mit den homerischen Phäaken, also einem Volk, von dem „edle Heiterkeit und die starkmütige Ergriffenheit menschlicher Herzen ausgehe."
Die Rede wurde nach dem zweiten Weltkrieg (1946) in Ausschnitten in die allgemein gültige Weltsprache Latein übersetzt sowie nach dem Staatsvertrag an den österreichischen Schulen verteilt und neu gelesen. Vieles davon mag uns heute übertrieben pathetisch erscheinen, aber ihre Grundaussage eines selbstständigen österreichischen Staates ist zeitlos gültig.

34 text

Anton Wildgans,
Rede über Österreich (Schluss)

Aus der „Rede über Österreich" (1929/30)

„Inclutus haec cecinit vates; sed divus Ulixes nervosis magnum manibus comprendit amictum purpureum traxitque super caput atque decoram velavit faciem ..."

Atque illi, qui bellum ac ponti mala sustinuissent infandumque dolorem erroremque haud referendum, cantus vi perculso lacrimae manant.

„Dieses sang der berühmte Demodokos. Aber Odysseus / fasste mit nervichten Händen den großen pupurnen Mantel, / zog ihn über das Haupt und verhüllte das herrliche Antlitz ..."

Und ihm, „der den Krieg und die Schrecken der Meere bestanden", unaussprechliches Leid und unbeschreibliche Irrfahrt, ihm fließt, erschüttert von der Macht des Gesanges, die Träne.

Quae cum ita sint, ut haec terra divina atque mirabilis quadam pulchritudine praedita, quam homines comes incolunt, beata quaedam canendi insula esse non desinat, a qua liberalis illa festivitas et gravis ille affectus animorum fortium exoriatur, ea ratione nos, qui sumus Austriaci, simus maneamusque Phaeaces!

In diesem Sinne, dass unser mit allen Gotteswundern der Schönheit begnadetes und von freundlichen Menschen bewohntes Land auch weiterhin ein Eiland des Gesanges sei und dass von ihm edle Heiterkeit und die starkmütige Ergriffenheit menschlicher Herzen ausgehe, in diesem Sinne wollen wir Österreicher Phäaken sein und bleiben!

Deutsche Originalfassung

34 Kommentar

Anton Wildgans,
Rede über Österreich (Schluss)

1 ff. Das Zitat: In Homers „Odyssee" (in Hexametern verfasst) kommt Odysseus schiffbrüchig an den Strand der Phäaken und wird von König Alkinoos und dessen Tochter Nausikaa gastfreundlich aufgenommen. Am Hof der Phäaken erzählt Odysseus, der sich zuerst nicht zu erkennen gibt, von seinen Abenteuern. Das Zitat betrifft den Gesang des blinden Sängers Demodokos, der, ohne um Odysseus' Identität zu wissen, vom trojanischen Krieg singt (Od. VIII, 83 ff.).

14 Phäaken: Die Phäaken gelten als freundliches, lebenslustiges Inselvolk, das abgeschieden von den Wirrnissen der großen Welt sein beschauliches Leben pflegt. So werden sie auch von Wildgans gesehen und mit Österreich identifiziert, aber nicht, wie seine Kritiker meinten, als Volk der Sänger und Nichtstuer, sondern als heiterer Pol in einer von Schrecknissen erfüllten Welt. Die Anregung zu der Bezeichnung der Österreicher als Phäaken dürfte Wildgans wohl von Friedrich Schiller (1759–1805) erhalten haben, der in einem spöttischen Zweizeiler, einem so genannten „Xenion", meinte:

Mich umwohnt mit glänzendem Aug das Volk der Phäaken,
Immer ist's Sonntag, es dreht immer am Herd sich der Spieß.

*Friedrich Schiller, Xenien, Nr. 100: Donau in Ö***

34 Vertiefung

1 Wie zeitgemäß erscheint dir der Ausschnitt aus der Rede? Kannst du dich sprachlich oder inhaltlich mit ihr identifizieren? Ist Österreich tatsächlich ein Land der „Tänzer und Sänger"?

2 Welche Rolle gibst du Österreich in unserer heutigen Welt? Fühlst du dich als ÖsterreicherIn, weil du die österreichische Staatsbürgerschaft hast oder in Österreich wohnst, oder identifizierst du dich mit Europa oder hast du ein globales Selbstverständnis?

Rhetorische Stilmittel

Veränderungen von Satzbau oder Wortwahl gegenüber dem üblichen Sprachgebrauch, die in der Regel bewusst eingesetzt werden, um eine bestimmte Wirkung beim Hörer oder Leser zu erzielen, bezeichnet man als Stilfiguren. Sie dienen der besseren Verdeutlichung des Gesagten, größerer Einprägsamkeit oder auch dem höheren sprachästhetischen Vergnügen. Stilmittel, die auf kunstvoller Wortwahl beruhen, nennt man **Tropen**; die kunstvolle Anordnung mehrerer Wörter **Figuren**.
Die Beispiele der folgenden – keineswegs vollständigen – Auflistung entstammen großteils Ciceros erster Rede gegen Catilina, können aber sinngemäß auf jeden weiteren Text dieses Bandes angewandt werden.

Alliteration und **Assonanz**: Wiederholung des gleichen Anfangsbuchstabens (Konsonant bzw. Vokal) in kurz aufeinander folgenden Wörtern, z. B. *Castra sunt in Italia contra populum Romanum ... collocata, crescit in dies ...* (Cat. I, 5)

Anapher: Wortwiederholung am Beginn aufeinander folgender Satzglieder oder Sätze, z. B. *Nihilne te nocturnum ... **nihil** urbis vigiliae, **nihil** timor populi ...* (Cat. I, 1)

Anticipatio: Vorwegnahme eines möglichen Einwandes, z. B. *... erit verendum mihi, ne non potius hoc omnes boni serius a me quam quisquam crudelius factum esse dicat.* (Cat. I, 5)

Asyndeton: das Fehlen von Bindewörtern, z. B. *... omnia patefacta, illustrata, oppressa, vindicata esse* (Cat. I, 32)

Chiasmus: die so genannte „Kreuzstellung" (der griechische Buchstabe „Chi" wird als ein X geschrieben!), z. B. *satis eloquentiae, sapientiae parum* (Sall., Coniur. Cat., 5, 5)

Enumeratio: Aufzählung, z. B. *... tam improbus, tam perditus, tam tui similis* (Cat. I, 5)

Exclamatio: rhetorischer Ausruf, z. B. *O tempora, o mores!* (Cat. I, 2)

Figura etymologica: Wortspiel mit Wörtern gleicher Herkunft, z. B. „Lebe das Leben!"

Hendiadyoin: Wörtlich „Eins durch zwei" – zwei eine Einheit bildende Begriffe drücken verschiedene Aspekte derselben Vorstellung aus, z. B. *... furorem ac tela* (Cat. I, 2)

Hyperbaton: Sperrung, zusammen gehörende Wörter werden getrennt, z. B. *... poenam sceleris sui summam* (Cic. rep. 2,45)

Interrogatio: Die rhetorische Frage, auf die keine Antwort erwartet wird, z. B. *Quo usque tandem abutere, Catilina, patientia nostra?* (Cat. I, 1)

Ironie: Umkehrung eines Begriffes in sein Gegenteil, z. B. *Nos autem fortes viri ...* (Cat. I, 2)

Iteratio: Wortwiederholung, z. B. *Hic tamen vivit. Vivit?* (Cat. I, 2)

Klimax: Steigerung (mindestens dreigliedrig) durch Häufung bedeutungsähnlicher Ausdrücke ➤ Enumeratio

Litotes: doppelte Verneinung zur Verstärkung des positiven Sinns, z. B. *non ingratus*

Oxymoron (wörtlich „witzig-dumm"): die Verbindung zweier scheinbar widersprechender Begriffe zu einer Einheit, z. B. *... tacita loquitur* (Cat. I, 18)

Paradoxon: nur scheinbar widersprüchliche Verwendung zweier Begriffe, z. B. *summum ius, summa iniuria*

Parallelismus: Parallelstellung ähnlicher Gedanken durch ähnlichen Satzbau, z.B. *Quo usque tandem ...? Quamdiu etiam furor iste ...? Quem ad finem ...?* (Cat. I, 1)

Periode: Die Periode ist keine Einzelerscheinung, sondern ein Stilprinzip. Sie ist ein kunstvoll und geschlossen gebautes Satzgefüge, dessen Einzelteil, das Kolon, eine abgeschlossene Wortgruppe darstellt. Das wesentliche Kennzeichen der Periode ist ihre Ausgewogenheit. Caesar und Cicero waren Meister eines vollkommenen periodischen Stils, während Sallust und Tacitus zugunsten eines verdichteten Ausdrucks davon wieder abrückten.

Personifikation: Ein zumeist abstrakter und lebloser Begriff, wie die *patria*, wird als lebende Person eingeführt, z. B. „Patria-Rede" (Cat. I, 18)

Tautologie: Begriffe gleicher Bedeutung zur Hervorhebung eines spezifischen Sinns, z. B. *sunt pueri pueri*

Trikolon: Dreigliedrigkeit ➤ Klimax

Auflösung zu den Chronogrammen (➤ E8, S. 119)

1711, 1945, 1951